KuKu 5

Oskar Panizza

Oskar Panizza

Aus dem Tagebuch eines Hundes

Mit einem Vorspann
für Leser
von Martin Langbein
und mit
Zeichnungen
von R. Hoberg

Matthes & Seitz Verlag
München

Dietlindenstraße 14, 8000 München 40. Der Faksimiledruck des Textes von Panizza folgt der 1. (und bisher einzigen) Ausgabe, Leipzig, Verlag von Wilhelm Friedrich, 1892. Gesamtherstellung Kösel, Kempten. Printed in Germany. ISBN 3 88221 005 2

Dem Andenken Swift's.

. . . auch Hunde sind keine Menschen

Bilder und Texte

Eine Montage von Martin Langbein

». . . that animal called man . . .« (. . . das Tier namens Mensch . . .). Jonathan Swift schreibt in dieser nach einem zeitgenössischen Portrait angefertigten Zeichnung den Brief an Alexander Pope vom 29. September 1725. Seine »Reisen« – die von Lemuel Gulliver – sind gerade fertig geworden . . . Swift legt darauf ein ironisches Glaubensbekenntnis ab, über seinen Haß auf die Nationen, Berufsstände, Glaubensgruppen und seine Liebe zum einzelnen Menschen. ». . . aber in der Hauptsache hasse und verabscheue ich das Tier namens Mensch, obwohl ich von Herzen John, Peter, Thomas und so fort liebe . . .«

»Was meinen Sie mit Ihrer Feststellung, er habe ›Tiere nur mäßig gern‹? Wenn man in einem Apartmenthaus wohnt, ist ›mäßig‹ so ungefähr das äußerste, was man sich leisten kann...«

Chandler über Philip Marlowe, private eye. Aus einem Brief vom 19. April 1951 an Mr. D.J. Ibberson

Filmkritik. 185. Heft (16. Jahrgang), 1. Mai 1972

»Postscriptum über Kommunikation oder Nonsens.
Im Deutschen Seminar der Universität Freiburg fiel mir das Buch *Kommunikationsforschung – eine neue Wissenschaft* in die Hände. Der Verfasser, Colin Cherry, ein Engländer, hatte es seinem Hund Pym gewidmet und die zweite Auflage all denen, die so freundlich waren, sich nach seinem Hund Pym zu erkundigen. Ein Studierender hatte mit fettem Blei daneben geschrieben: ›Ist der Kerl bescheuert?‹ ein anderer mit Kugelschreiber darunter: ›Schon mal was von Multivalenz von Zeichen gehört?‹ Deutsch muß eben der Humor sein, wenn kommuniziert sein soll, einschüchternd die Wissenschaft. Kritik konstruktiv.«

Jürgen Ebert, *Wozu noch in der Filmkritik schreiben? Eine Art Feuilleton – pro domo & pro reo*, S. 237f.

Susi Juvan: »Friedemann Hahn mit den Hunden Lenau und Möppi«, Pastell 1976.
Unsichtbar: der *Paperback-Writer;* undeutlich gespiegelt: der Freiburger Zeichner, Arzt und Bricoleur Christian Oehm. – Ihnen ist der Vorspann freundschaftlich zugeeignet, dem Christian mit Dank für die Wohnung.

Zwei Tagebuchsätze von Swift

Ein Hund ist bessere Gesellschaft als der DORFPREDIGER, denn ihn erinn're ich von früher. Was kann ich tun, außer alles zu schreiben, was mir in den Kopf kommt.

Bei meiner Seel', du könntest einen Wälschen Hund so gut wie einen Wälschen Mann oder Frau an der mürrisch leidenschaftlichen Art seines Bellens erkennen. Was ich hier aufschreibe, wird dir alle deine Fragen über meine REISE beantworten.

Ein Jahr nach Erscheinen des *Gulliver,* im September 1727, reiste der fast sechzigjährige Swift zum letzten Mal von England nach Dublin. In einem Gastzimmer, im walisischen Dörfchen Holyhead, schrieb er das *Holyhead Tagebuch.* Nach seiner Weiterfahrt schickte die Magd ein Stück Papier an seine Londoner Freunde: John Gay und Alexander Pope an Swift, 22. Oktober 1727: »Nach einem Fetzen Papier, der in diesem rauchigen Gasthaus zurückblieb, zu urteilen, scheint es, als sei das Buch, das Ihr schriebt, ein äußerst wehleidiger Bericht Eurer Reisen ...«

A DAY IN LIFE

»A crowd of people turned away
But I just had to look
Having read the book – – –«

John Lennon & Paul McCartney, 1967

»Eine Menschenmenge wandte sich ab/ Aber ich mußte einfach hinsehen/ich kannte nämlich das Buch.« –

Das Buch? »Gullivers Reisen« zum Beispiel, von Jonathan Swift. Als er Ende 1720 begann, diesen fantastischen Bericht über Reisen in verschiedene fremde Länder zu schreiben, hatte er bald schon keinen Grund, besonders lustig zu sein; er litt an chronischen Krankheiten, 1721 starb einer seiner besten Freunde, 1724 kam ein weiteres schweres Leiden dazu, und auch sonst gab es wenig, worüber man sich freuen konnte. Am 13. Juli schreibt Swift an Esther Vanhomwright: »*Die beste Regel, die ich in diesem Leben kenne ist, seinen Kaffee trinken, wenn man es kann, und wenn man es nicht kann, es nicht so schlimm zu finden. Meine Zeit widme ich so viel wie möglich den Vergnügungen, weil das meine gute Laune erhält, so wie Bewegung meiner Gesundheit guttut, und ohne meinen Humor wäre ich lieber ein Hund . . .*«

Fernsehen vom Sonntag

Erstes Programm (ARD)
22.15: Von Menschen und Hunden
Wie die Sulzburger einen Forscher vertreiben.
Von Christopher Sommerkorn

Feedback (Rückfütterung):

hr. Hessischer Rundfunk.
Anstalt des öffentlichen Rechts
Frankfurt am Main

Abteilung
FS-Dokumentation

Sehr geehrter Herr Langbein,
wir danken Ihnen für Ihr Interesse an unserer Sendung »Von Menschen und Hunden«. Leider dürfen wir aus Kostengründen keine Manuskripte mehr verschicken. Der letzte Satz lautet: »Die Menschlichkeit ist gerade hier in Unterfranken sehr ausschlaggebend.«

Mit freundlichen Grüßen
HESSISCHER RUNDFUNK
Anstalt des öffentlichen Rechts

i. V.
Emil G. Walter

i. A.
Valentin Senger

Ein Verlag an den Leser

Einladung

Wir laden Sie und Ihren Hund herzlich ein.
in unserem großen Buch mit den schönsten Geschichten
von „Herr (bzw. Frau) und Hund" dabei zu sein.

Bitte senden Sie uns ein lebendiges Foto von Ihnen zusammen mit Ihrem vierbeinigen Freund. Schreiben Sie kurz seinen Lebenslauf und eine (höchstens zwei Seiten lange) Geschichte, in der Sie das schönste Erlebnis und die besonderen Eigenschaften Ihres Hundes erzählen.

Wir lesen alle Einsendungen sorgfältig.
Eine Jury wählt die schönsten Beiträge aus!
Einsendeschluß ist der 30. April 1976.

Verlag Rogner & Bernhard
Trautenwolfstr. 5
8000 München 40

Anzeige aus: »Berliner Illustrierte Zeitung«, 1919

Populärwissenschaftliches

Ein Flaneur

Am Anfang der bürgerlichen Epoche, die ihr Theoretiker, Hegel, später als »das geistige Tierreich« bezeichnet hat, steht ein Typ des Bürgers als Neuer Denker: – ein einsamer Mensch, den eine abstrakte Welt von wirtschaftlichen, juristischen und moralischen Beziehungen wie ein Netzwerk umgibt, abschirmt, gefangen hält. René Descartes schreibt am 5. Mai 1631 aus Amsterdam an seinen Freund, den Landedelmann Guez de Balzac:

»... in dieser großen Stadt, wo ich keinen Menschen außer mir habe, der nicht mit Waren handelt, jeder ist da so sehr auf seinen Gewinn bedacht, daß ich mein ganzes Leben hier wohnen könnte, ohne daß ich je von einem gesehen würde. Täglich mache ich mich in dem Durcheinander eines großen Volkes auf einen Spaziergang, mit ebenso viel Freiheit und Ruhe, wie Ihr sie auf Euren Alleen finden könnt, und ich betrachte die Menschen, die ich dort sehe, nicht anders als die Bäume, die sich in Euren Wäldern antreffen, oder die Tiere, die dort weiden. Der Lärm selbst ihres rastlosen Hin und Her unterbricht meine träumerisch vagabundierenden Gedanken nicht mehr als das Plätschern irgendeines Baches.«

Nicht nur betrachteten Descartes und seine Nachfolger die Masse der Menschen wie dumpfe Tiere, sie erklärten diese auch zu Maschinen, denen Bewußtsein und Empfindung abgeht. Wütend beschreibt Voltaire dagegen in seinem *Philosophischen Wörterbuch* das Leiden eines Hundes, »der seinen Herrn verloren hat, der ihn auf

allen Straßen mit schmerzlichem Gewinsel gesucht hat, der aufgeregt und unruhig ins Haus kommt, treppauf läuft, treppab läuft, der von Zimmer zu Zimmer geht, der seinen geliebten Herrn endlich in seinem Arbeitszimmer findet und der ihm seine Freude durch sein liebes Winseln, seine Sprünge und durch seine Liebkosungen bezeugt.
Barbaren ergreifen diesen Hund, der den Menschen in der Freundschaft so wunderbar übertrifft; sie nageln ihn auf einen Tisch und sezieren ihn bei lebendigem Leibe, um dir die Blutadern im Gekröse zu zeigen. Du entdeckst in ihm dieselben Organe der Empfindung, die in dir sind. Antworte nur, Maschinist, hat die Natur alle Werkzeuge der Empfindung in diesem Tiere zusammengefügt, damit es nicht empfinde? hat es Nerven, um gefühllos zu sein?« – Aus dem Artikel »Tiere«*.

---

* Brief von Jean Paul Marat, Arzt – noch nicht Politiker – an W. Day, einen befreundeten englischen Arzt.

In meiner neuen Wohnung habe ich zwei Zimmer speziell für Obduktionen und Versuche mit Tieren eingerichtet. Um ein guter Chirurg zu werden und überhaupt richtig die Krankheiten zu behandeln, muß man viel Übung in Vivisektion und Versuchen mit lebenden Tieren besitzen. Ich habe mich mit einem Fleischer in Verbindung gesetzt, der mir lebende Kaninchen, Schafe, Ziegen und, falls es nötig sein wird, größere Tiere liefern will; nach Beendigung der Versuche werde ich ihm das getötete Tier zurückgeben und nur für die bei der Vivisektion beschädigten Teile Kosten tragen. Ich glaube nicht, daß Sie sich in London ebenso bequem einrichten können, und deshalb rate ich Ihnen, nach Paris zu ziehen. Sie schreiben, daß Sie nicht sehen können, wie man ein unschuldiges Tier schneidet; glauben Sie mir, daß mein Herz ebenso weich ist wie das Ihrige, und daß ich ebenso wie Sie kein Vergnügen daran finde, die Qualen des Tieres mitanzusehen. Aber es ist unmöglich, in die Geheimnisse der Natur zu dringen und die sonderbaren Eigenschaften des menschlichen Körpers zu verstehen, ohne den lebendigen Körper zu

Neckermann-Katalog, Frühjahr 1977

erforschen. Wenn man den einen viel Gutes bringen will, muß man den anderen viel Schmerz bereiten; und auf diese Weise kann man ein Wohltäter der Menschheit werden. Ich hätte niemals alle meine Betrachtungen und Erforschungen an Muskeln und Blut machen können, wenn ich nicht einer großen Zahl von Tieren den Kopf und die Extremitäten abgeschnitten hätte. Ich muß zugeben, daß es mir in der ersten Zeit weh tat und ich sogar Ekel empfand; aber allmählich gewöhnte ich mich daran und tröstete mich damit, daß ich im Namen des Menschenwohls handle. Wenn Sie lange leben werden, so werden Sie sehen, daß zuletzt die Medizin mit Hilfe der Vivisektion eine große Verbreitung in England und Frankreich finden wird. Wenn ich Gesetzgeber wäre, so würde ich im Namen der Wohlfahrt meines Vaterlandes und der gesamten Menschheit darauf dringen, daß die Ärzte an Verbrechern, die zur Todesstrafe verurteilt sind, schwere und neue Operationen vornehmen sollten. In dem Falle, daß die Operation glücklich gelingt, sollten die zum Tode Verurteilten begnadigt und zur geringeren Bestrafung verurteilt werden. (1782)

Neapel sehn...

Grotta del Cane (Hunds-Grotte)*

Eine von der Natur gemachte Höhle, worinn man vielleicht seit undenklichen Jahren Versuche mit Hunden, welche von den Dünsten erstickt worden, angestellt. Sie ist zehn Fuß tief, viere breit, und ohngefähr neune hoch. Der Vicekönig, Petrus von Toledo, ließ ein paar Sclaven, und Carl VIII. einen Esel hineinführen, welche bald von den Dünsten erstickt wurden. (...)
In der Nachbarschaft dieser Höhle wohnt ein Mann, welcher einige Hunde unterhält, mit denen er für ein Trinkgeld Versuche macht. Er hält den Hund auf die Erde, jedoch so, daß er selbst den Kopf so viel möglich in die Höhe trägt. Innerhalb zwey Minuten bleibt der Hund nach vielen Verzuckungen ohne Bewegung liegen, erholt sich aber auch eben so bald wieder, wenn man ihn in die freye Luft bringt. Aus seinen Zuckungen und den Bewegungen der Brust zu urtheilen, mangelt ihm in der

---

* »Das zweyte Wort soll die auffallende, mit einem Noten-Souterrain durchbrochne Gestalt des Werkleins entschuldigen. Sie gefällt mir selber nicht. Die Welt schlage auf und schaue hinein und entscheide ebenfalls. Aber folgender Zufall zog diese durch das ganze Buch streichende Theilungslinie; ich hatte meine eigne Gedanken (oder Digressionen), womit ich des Feldpredigers nicht stören durfte, und die blos als Noten hinter der Linie fechten konnten, aus Bequemlichkeit in ein besonderes Neben-Manuskript zusammen geschrieben, und jede Note ordentlich, wie man sieht, mit ihrer Nummer versehen, die sich blos auf die Seitenzahl des fremden Haupt-Manuskripts bezog; ich hatte aber bey dem Kopiren des letztern vergessen, in den Text selber die entsprechende einzuschreiben. Daher werfe niemand, so wenig als ich, einen Stein auf den guten Setzer, daß dieser – vielleicht in der Meinung, es gehöre zu meiner Manier, worinn ich etwas suchte – die Noten gerade so wie sie ohne Rangordnung der Zahlen untereinander standen, unter den Text hinsetzte, jedoch durch ein sehr lobenswürdiges künstliches Ausrechnen wenigstens dafür sorgte, daß unter jede Text-Seite etwas von solchem

glänzenden Noten-Niederschlag käme. – – Nun, die Sache ist einmal geschehen, ja verewigt, nämlich gedruckt. Am Ende sollte ich mich eigentlich fast darüber erfreuen. In der That, – und hätt' ich Jahrelange darauf gesonnen (wie ichs bisher seit zwanzigen gethan), um für meine Digressions-Kometenkerne neue Licht-Hülsen, wenn nicht Zug-Sonnen, für meine Episoden neue Epipöeen zu erdenken: schwerlich hätt' ich für solche Sünden einen bessern und geräumigern Sündenbalg erfunden als hier Zufall und Setzer fertig gemacht darreichen. Ich habe nur zu beklagen, daß die Sache gedruckt worden, eh' ich Gebrauch davon machen können. Himmel! welche fernsten Anspielungen (hätt' ichs vor dem Drucke gewußt) wären nicht in jeder Text-Seite und Noten-Nummer zu verstecken gewesen, und welche scheinbare Unangemessenheit in die wirkliche Gemessenheit und ins Noten-Untere der Karten; wie empfindlich und boshaft wäre nicht in die Höhe und auf die Seite heraus zu hauen gewesen aus den sichern Kasematten und Miniergängen unten,

Höhle die Respiration; außer der Grotte kommt er durch tiefes Athemschöpfen nach und nach wieder zu sich selbst. Um ihn desto geschwinder wieder zu sich zu bringen, wirft man ihn gemeiniglich in den nahe gelegenen See. (...) Läßt man den Hund einige Minuten länger in der Höhle, so zieht die Unterdrückung der Respiration den völligen Tod nach sich, und weder Luft noch Wasser bringen ihn wieder zum Leben.

(Historisch-kritische Nachrichten von Italien, welche eine genaue Beschreibung dieses Landes, der Sitten und Gebräuche, der Regierungsform, Handlung, Oekonomie, des Zustandes der Wissenschaften, und insonderheit der Werke der Kunst nebst einer Beurtheilung derselben enthalten. Aus den neuesten französischen und englischen Reisebeschreibungen und aus eignen Anmerkungen zusammengetragen von D. J. J. Volkmann. Dritter und letzter Band, Leipzig 1771, Seite 221 f.)

---

und welche *laesio ultra dimidium* (Verletzung über die Hälfte des Textes) wäre nicht mit satirischen Verletzungen zu erfüllen und zu ergänzen gewesen.

Aber das Schicksal wollte mir nicht so gut, ich sollte von diesem goldnen Handwerks-Boden für Satiren erst etwas erfahren drey Tage vor der Vorrede.

Vielleicht aber holt die Schreibwelt – bey dem Flämmchen dieses Zufalls – eine wichtigere Ausbeute, einen größern unterirdischen Schatz herauf als leider ich gehoben; denn nun ist dem Schriftsteller ein Weg gezeigt, in Einem Marmorbande ganz verschiedne Werke zu geben, auf Einem Blatte zugleich für zwey Geschlechter, ohne deren Vermischung, je für fünf Fakultäten zugleich ohne deren Gränzverückung zu schreiben, indem er statt ein ekles gärendes Allerley für niemand zu brauen, blos dahin arbeitet, daß er Noten-Linien oder Demarkationslinien zieht und so, auf dem nämlichen fünf-stöckigen Blatte die unähnlichsten Köpfe behauset und bewirthet. Vielleicht läse dann mancher ein Buch zum viertenmale, blos weil er jedesmal nur ein Viertel gelesen.«

JEAN PAUL, Vorrede. Des Feldpredigers Schmelzle Reise nach Flätz mit fortgehenden Noten; nebst der Beichte des Teufels bey einem Staatsmanne, Tübingen 1809.

Aus dem ›Zirkelbrief des vermuthlichen katechetischen Professors, *Attila Schmelzle,* an seine Freunde, eine Ferien-Reise nach Flätz enthaltend, samt einer Einleitung, sein Davonlaufen und seinen Muth als voriger Feldprediger betreffend.‹

Erste Station von Neusattel nach Vierstädten

Der Kammerjäger im Postwagen hatte, ausserdem schon, daß uns niemand sehr einnimmt, der blos vom Vergiften lebt, wie dieser Freund Hain der Ratten, und diese Mäuse-Parze, und daß ein solcher Kerl, was noch schlimmer, sogleich ein Mehrer des Ungeziefer-Reichs zu werden droht, sobald er nicht dessen Minderer seyn darf – dieser hatte überhaupt so viel Fatales an sich, zuerst den Stechblick wie eines Stilets – dann das hagere scharfe Knochen-Gesicht in Verbindung mit seinem Vorrechnen seines ansehnlichen Gift-Sortiments – dann (denn ich haßte ihn immer heißer) seine geheime Stille, sein geheimes Lächeln, als seh' er in irgendeiner Schlupf-Ecke eine Maus, ähnlich einem Menschen – Wahrlich mir, der ich sonst ganz andern Leute stehe, kam endlich sein Rachen als eine Hunds-Grotte vor, seine Backenknochen als Untiefen und Klippen, sein heißer Athem als Kalzinier-Ofen und die schwarzhaarige Brust als Welk- und Darr-Ofen – –

Ich hatte mich auch – glaub' ich – nicht viel versehen; denn bald darauf fing er an, der Gesellschaft, worinn ein Zwerg und ein Mädchen war, ganz kalt zu berichten, er habe schon zehn Leiber mit dem Dolch nicht ohne Lust durchstoßen – habe gemächlich ein Dutzend Menschen-Arme abgehauen, vier Köpfe langsam gespalten, zwey Herzen ausgerissen und mehr dergleichen – und keiner davon, sonst Leute von Muth, hab' ihm im Geringsten

widerstanden – »aber warum? setzt' er giftig hinzu, und nahm den Hut vom häßlichen Glatzkopf – ich bin unverwundbar – Wer von der Gesellschaft will, lege auf meiner Glatze so viel Feuer an als er will, ich lass' es ausbrennen.«
Mein Schwager, der Dragoner, setzte sogleich einen brennenden Tabacksschwamm auf den Schädel, aber der Jäger stand es so ruhig aus, als wär' es ein kalter Brand, und er und der Dragoner sahen einander wartend an, und jeder lächelte sehr närrisch – »ės thue ihm blos sanft, sagt' er, wie eine gute Frostsalbe, denn dieß seý überhaupt die Winterseite an seinem Leibe.« Hier griff mein Schwager ein wenig auf dem nackten Schädel umher und rief verwundert: »er fühle sich so kalt an wie eine Kniescheibe.« Nun hob der Kerl auf einmal nach einigen Vorrüstungen zu unserem Entsetzen den Viertels-Schädel ab und hielt ihn uns hin, sagend: »er habe ihn einem Mörder abgesägt, als ihm zufällig der eigne eingeschlagen gewesen;« und erklärte nun, daß man das erzählte Durchstechen und Arm-Abhauen mehr als Schmerz zu nehmen habe, indem ers lediglich gethan als Famulus auf dem anatomischen Theater. –

* * *

Große Koalition (1726): Auf seiner dritten Reise wird Lemuel Gulliver, früher Wundarzt, jetzt Kapitän, durch die Große Akademie von Lagado geführt, wo er einen Sozialwissenschaftler trifft, der davon ausgeht, daß die moderne Frage, wenn man etwas über jemand erfahren will, nicht lautet, ob er ein Mensch der Tugend, Ehre, Frömmigkeit, von Geist, Verstand und Wissen sei; stattdessen frage man nur nach seinem Parteibuch ... »Wenn dies Parteiwesen in einem Staat zu gewaltsam wird, so sey ein wunderbares Mittel in Anwendung zu bringen, damit der Frieden wieder hergestellt werde. Die Methode ist

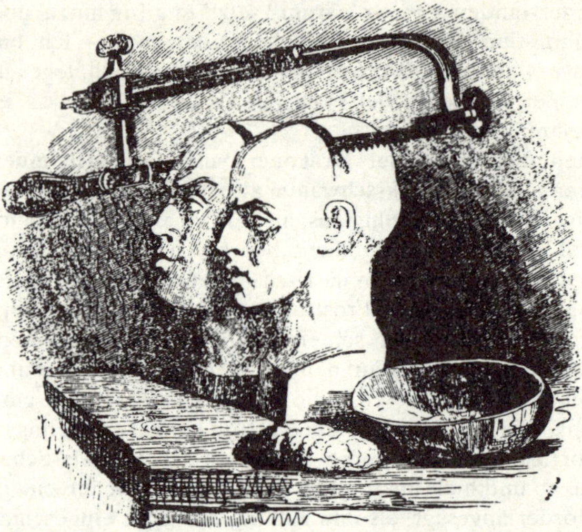

folgende. Man nimmt ungefähr hundert Führer jeder Partei; stellt sie paarweise, nach Ähnlichkeit ihrer Schädel auf; sodann lasse man zwei geschickte Operatöre den Schädel eines jeden Paares zu derselben Zeit und in solche Weise absägen, daß das Gehirn gleichmäßig geteilt wird. Alsdann werden die abgesägten Theile des Hirnschädels vertauscht, indem jeder den des oppositionellen Parteimannes kriegt. Das scheint nun eine Arbeit zu sein, die einige Genauigkeit erfordert; der Professor versicherte uns jedoch, die Behandlung werde unfehlbar sein, wenn die Operation nur geschickt durchgeführt werde. Er folgerte so: da die beiden halben Gehirne alsdann die Sache unter sich in einem Schädelraum auszumachen hätten, würden sie sich bald gegenseitig verständigen und dadurch jene Mäßigung und regelgerechte Denkmethode bewirken, die in den Köpfen derjenigen so sehr zu wünschen ist, welche einzig zu dem Zweck in die Welt gekommen zu seyn glauben, damit sie die Bewegung derselben überwachen und leiten: Und was nun den Unterschied der Gehirne in Quantität oder Qualität betrifft, bei denen, die die Fraktionskämpfe führen, so versicherte uns der Doktor, nach seinem eigenen Wissen, daß sey kein sehr wichtiger Umstand.«

* * *

Zweite Station von Vierstädten nach Niederschöna

In Vierstädten stieß mir nichts von Wichtigkeit auf als – zu meinem Grausen – ein Hund ohne Schwanz, der durch die Stadt oder Gasse lief. Ich zeigte erbittert im ersten Feuer den Passagieren den Hund, und legte ihnen die Frage vor: ob sie denn eine medizinische Polizey für trefflich bestellt ansähen, welche wie die Vierstädter es zuließe, daß Hunde öffentlich herumsprängen, denen der Schwanz fehlte. »An was, sagt' ich, halt' ich mich denn, wenn dieser weggeschnitten, und mir jede solche Bestie entgegenrennen, und ich weder aus dem eingezogenen noch aufgerichteten Schwanze, da der ganze weggehackt ist, einen Schluß ziehen kann, ob das Vieh toll ist oder nicht. So wird der gescheuteste Mann wüthig und gebissen und scheitert blos aus Mangel eines Schweif-Kompaßes.« Der nachkommende blinde Passagier (er ließ sich jetzt als sehender einschreiben, Gott weiß zu welchen Endzwecken), spann vor mir meinen eigenen Satz, dem er zugehöret, fast bis ins Komische aus, und erregte zuletzt in mir den Verdacht, er mache durch eine, aber sehr starke Schmeichel-Nachahmung meines Sprechstils Jagd auf mich: »der Hundsschwanz, sagt' er, ist wohl für uns Allarmstange und Irrenanstalt, damit man in keine komme, gleichsam die äußern Vorposten der Wuth – man schneide den Kometen den Schwanz, den Bassen den Roßschweif, den Krebsen den ihrigen (denn ausgestreckter bedeutet krepierte) ab: so ist man in den gefährlichen Angelegenheiten des Lebens ohne Leitseil, ohne Avertisseur, ohne Hand in margine – und man kommt um, ohne vorher zu wissen wie.«

Hunde mit Schwänzen:

Im 14. Kapitel von Grandvilles Bilderbuch »*Ein Jenseits*« (UN AUTRE MONDE) kommt der Neo-Gott Hahblle, dem der Himmel und die Kometen zum Reisen angewiesen wurden, in den Louvre der Marionetten, wo gerade die jährliche Bilderausstellung eröffnet worden ist. Er nimmt einen zu Boden gefallenen Katalog auf und liest: »SHWPLKLMCSSTH (Conrad), de *Munich*. Stellt im Ehrensalon unter der Nr. 130 aus, ein ›Portrait von Madame P. de L., mit ihrem Hund und ihren Diamanten‹. – – – Alles ist wie sonst auch, die Feuilletonisten haben schon ihre fertigen Artikel abgedruckt (»Der Salon ist dieses Jahr sehr viel schlechter als der vom letzten Jahr.« »Unsere besten Maler

haben nichts ausgestellt.« »Die Kunst ist in einer beklagenswerten Dekadenz, die Kunst ist tot, die Kunst geht fort!«)

»Hahblle glaubte er sei noch auf der Erde; er bemerkte seinen Irrtum, als er den Fuß in einen Salon setzte, vor dessen Betreten Frauen und Kinder gewarnt wurden. Für die Personen des Geschlechts, die sich reinwagten, auf ihr Risiko. Dieser Salon war für die besonders anakreontischen und erotisch verspielten Themen reserviert. Da sah man die Kunst im Deshabillé und die Muse im Morgenrock. Hahblle hatte kaum Zeit einen Blick in dies heimliche Museum zu werfen; gerade schlug es vier. Höflich wurde er vor die Tür gesetzt.«

In der Buchausgabe folgt hier die nebenstehende Abbildung.

Grandville, Un Autre Monde. Transformations, Visions, Incarnations, Ascensions, Locomotions, Explorations, Pérégrinations, Excursions, Stations / Cosmogonies, Fantasmagories, Rêveries, Folatreries, Facéties, Lubies / Métamorphoses, Zoomorphoses, Lithomorphoses, Métempsycoses, Apothéoses et Autres Choses, Paris 1844. (Der Text des Buches ist in Zusammenarbeit mit Taxile Delord entstanden, einem Journalisten.)

* * *

Marcus M. Mason, *Bibliography of the Dog,* veröffentlicht vom Biologics Testing Laboratory, Worcester, Massachusetts in Ames, Iowa 1959. Marcus M. Mason ist B. S., M. S., D. V. M.: Bachelor of Science, Master of Science, Doktor der Tiermedizin, das gehört in Amerika zum Namen. »Der Hund ist wichtig als Versuchstier im öffentlichen Gesundheitswesen und in der Tiermedizin«, steht im Vorwort seines Buchs, an dem er mehr zehn Jahre gearbeitet hat. Es weist den Weg zu über 1500 Quellen, in denen über Experimente mit Hunden berichtet wird. Ziel: »Um Wiederholungen von Experimenten zu verhindern, die Zeit, Geld und Tiere verbrauchen.« Motto des Vorworts: »Fools Rush In Where Angels Fear To Tread.« (Toren rauschen dort rein, wo Engel furchtsam den Fuß hinsetzen.)

F. J. Bertuch, *Bilderbuch für Kinder,* Weimar 1790ff

Die Menschwerdung des Hundes

Grandville, »L' animal s' élève vers l' homme« (Das Tier erhebt sich zum Menschen), aus: Le magasin pittoresque, 1843

Hungerstreik

Isabel Peron, argentinische Präsidentin, eröffnete mit den Worten: »Das 21. Jahrhundert wird das Jahrhundert der Frau sein«, in Buenos Aires den 13. Kongreß des internationalen Verbandes berufstätiger Frauen. An dem Kongreß nehmen rund 500 Frauen aus 80 Ländern teil. Isabel Peron erklärte weiter, sie nehme an dem Kongreß als Frau teil, die ihren Schwestern ihre Freude über den wachsenden Fortschritt der Gleichberechtigung in der Welt mitteilen wolle.

Zwei Jahre danach
In der Gesellschaft eines spanischen Hausmädchens und zweier Pudel erwartet die argentinische Ex-Präsidentin Isabel Peron ihren Korruptionsprozeß. Die Militärs haben sie in ein Haus hoch in den Anden verbannt, tausend Kilometer von der Hauptstadt Buenos Aires

entfernt. Sogleich nach ihrem gewaltsamen Sturz trat die ohnehin zierliche, durch Depressionen und Streß geschwächte Señora Peron in einen wochenlangen Hungerstreik, den sie erst auf Zureden der Frau eines hohen Offiziers beendet hat.

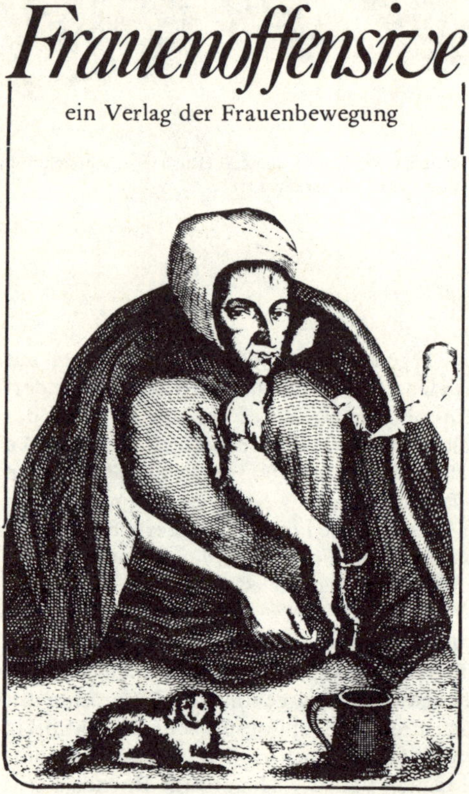

Verlagswerbung, Herbst 1976

George Cruikshank

Plakat: Peter Schleuning, 1975

»Haut den Roten auf die Pfoten«
(Deutscher Mauerspruch, 1977)

»Tiere sind ungehemmter und ursprünglicher, also gewissermaßen menschlicher in dem körperlichen Ausdruck ihrer Gemütszustände als wir.«

Thomas Mann mit seinem Hund Bauschan. Das Buch erschien im April 1919. Ein halbes Jahr vorher waren seine im Weltkrieg geschriebenen »Betrachtungen eines Unpolitischen« veröffentlicht worden. (16. März 1918: Abschluß der Arbeit an »Betrachtungen...; zwei Tage später: Beginn der Niederschrift von »Herr und Hund«.) Mann schreibt 1918 ausführlich gegen eine bestimmte Möglichkeit von Revolution:
Den vermenschlichten Staat, die literarisierte, erotisch animierte Politik mit ›psychologischer Denkweise‹ und formaler Eleganz, die Politik mit Damenbedienung, – wir werden sie haben! Man versteht sich kaum auf die Demokratie, wenn man sich auf ihren femininen Einschlag nicht versteht. ›Die Freiheit und eine Hure sind die kosmopolitischsten Dinge unter der Sonne.‹ Welche Internationale war es, die selbst im Weltkriege hielt? *Die waagerechte.«*
Die Liebe zum Hunde, von oben nach unten, bleibt dagegen für Thomas Mann in der Senkrechten – – – –

Angst vor der Revolution – 30 Jahre und einen Weltkrieg später: unten, der KPD-Vorsitzende Max Reimann. Stehend, Adenauer 1948.

Konrad Adenauer, *Memoiren 1945–1953,* Stuttgart 1965: »Es mußte eine Lösung gefunden werden ..., die unsere westlichen Nachbarn beruhigte und ihnen das Gefühl dauernder Sicherheit gab.«

---

* Von jeher war's Gang der Menschheit, daß sie vorwärts ging. Hus wurde um Meinungen verbrannt, die schon hundert Jahre darauf ebenso unbezweifelt für Wahrheit, als bei ihm für den unglückschwangersten Irrtum gehalten wurden. Einst wird man nicht begreifen können, wie man die Begriffe der sogenannten Jakobiner nicht mit beiden Armen aufgenommen. Wenn man das im Ganzen überschaut, möchte man sich schämen, menschliche Form zu tragen.« (August von Einsiedel, *Ideen – über Revolution,* 1793.)

»Was macht denn mein Krambam . . .«

Freud mit Lün in Grinzing, 1937

Sigmund Freud, Brief an Marie Bonaparte, 6. 12. 1936:
Es sind wirklich die Gründe, weshalb man ein Tier wie Topsy* (oder Chofi) mit so merkwürdiger Tiefe lieben kann, die Zuneigung ohne Ambivalenz, die Vereinfachung des Lebens, von dem schwer erträglichen Konflikt mit der Kultur befreit, die Schönheit einer in sich vollendeten Existenz. Und bei aller Fremdartigkeit in der organischen Entwicklung doch das Gefühl einer innigen Verwandtschaft, einer unbestrittenen Zusammengehörigkeit. Oft, wenn ich Jofi gestreichelt, habe ich mich dabei ertappt, eine Melodie zu summen, die ich ganz unmusikalischer Mensch als die Arie aus dem ›Don Juan‹ erkennen mußte: Ein Band der Freundschaft bindet uns beide . . .

* * *

Frédéric Cuvier, Naturforscher im vorigen Jahrhundert, über den Hund: »Die ganze Art ist unser Eigentum geworden; jedes Einzelwesen gehört dem Menschen, seinem Herrn, gänzlich an . . .«

F. Hebbel: »Unsere gerühmte Herrschaft über das Tier liefe dann darauf hinaus, daß wir für seine irdische Existenz das wären, was Stürme und Wasserfluten für uns sind.«

---

* Marie Bonaparte, Topsy. Chow-Chow au poil d'or, Paris 1937. Wurde im nächsten Jahr von Sigmund und Anna Freud ins Deutsche übersetzt.

In einer Zeit, als die Gedankengebäude der Männer und ihre Entwürfe nicht so offensichtliche Ruinen waren, wie nach dem 1. Weltkrieg, als man noch überall das Wirken der göttlichen Vernunft sehen mag und den Spruch, daß der Mensch dem Menschen ein Wolf sei, als Verherrlichung der herrschenden Unordnung verkündet, findet der Bürger, handeltreibend und Bürokratie erzeugend, seine Lust an der öffentlichen Schau von haarigen Wesen – Tier-Menschen?
Zwei Außenseiter: Frau und Hund, vereinigen sich im 17. Jahrhundert zu einer Jahrmarktsattraktion:

Pablo Picasso: Zirkushund

Hundefrauen

Weltkriegslektüre

Das Feuerzeug, ein Märchen von Hans Christian Andersen; übersetzt von Gertrud Bauer; Zeichnung: Paul Hey, Stuttgart 1942:

Jetzt zog der Soldat wieder in die schönen Zimmer ein und trug wieder schöne Kleider, und nun kannten ihn auch seine Freunde wieder und sagten ihm, wie lieb sie ihn hätten.

Da dachte er eines Tages: »Es ist doch komisch, daß man die Prinzessin nicht zu sehen bekommen kann. Sie soll ja wunderschön sein, wie alle Welt sagt. Was hat sie aber davon, wenn sie immer in dem kupfernen Schloß mit den vielen Türmen sitzen muß? – Könnte ich sie denn gar nicht zu sehen bekommen? Wo ist mein Feuerzeug?«

Er schlug Feuer, und schwupp! da stand der Hund mit den Augen so groß wie Teetassen.

»Es ist zwar mitten in der Nacht, aber ich möchte doch gar zu gerne die Prinzessin sehen, nur einen einzigen Augenblick«, sagte der Soldat.
Gleich war der Hund vor der Türe, und ehe sich's der Soldat versah, kehrte er mit der Prinzessin zurück. Sie saß auf des Hundes Rücken und schlief und war so schön, daß man ohne weiteres sehen konnte, daß sie eine richtige Prinzessin war. Der Soldat konnte sich nicht enthalten, sie zu küssen, denn er war ein richtiger Soldat.
Der Hund lief dann mit der Prinzessin wieder zurück. Aber als der Morgen kam und der König und die Königin bei der Prinzessin Tee tranken, sagte diese, sie habe heute nacht einen sonderbaren Traum gehabt von einem Hund und von einem Soldaten. Der Hund habe sie auf dem Rücken getragen, und der Soldat habe sie geküßt.
»Das wäre eine schöne Geschichte!« sagte die Königin.

*

Am 21. September 1657 war der gelehrte Schriftsteller John Evelyn mit Freunden in London auf einem Jahrmarkt. In seinem Tagebuch beschreibt er zuerst den Auftritt des berühmten Seiltänzers, *The Turk*, ein Wesen aus einer anderen Welt, dessen Kunststücke ihn faszinieren. Dann kommt eine ebenso große Attraktion, Barbara Ursler* – »das haarige Mädchen, oder Frau, die ich

---

*Urslerin, (Barbara) – *Balthaser Urslers* zu Auspurg Tochter, war ein rechtes Wunder der Natur, sinthemal sie nicht nur über den gantzen Leib und das Gesichte gelbliche Haare hatte, welche so weich als Wolle waren, sondern auch einen Bart aufwiese, der ihr bis an den Gürtel reichte, aus den Ohren hiengen gleichfalls lange Büschel, so von solchen gelblichten Haaren waren.
(Zedler's Universal-Lexicon aller Wissenschaften und Künste welche bishero durch menschlichen Verstand und Witz erfunden und verbessert worden, Leipzig/Halle 1747, Spalte 601).

schon als Kind vor zwanzig Jahren gesehen habe: ihre starken Augenbrauen waren nach oben gekämmt, & ihre ganze Stirn so dicht und gleichmäßig behaart, wie auf dem Kopf irgendeiner Frau, hübsch frisiert: es kommen auch zwei sehr lange Locken aus jedem Ohr: sie hatte auch einen sehr üppigen Vollbart und einen Schnurrbart, dazu lange Haarlocken, die mitten auf ihrer Nase wuchsen, *genau wie bei einem Island-Hund** der Rest ihres Körpers war nicht so haarig (...), & dann hatte sie schließlich einen sehr gut geformten Körper, spielte sehr gut Harfe usw: Ich ging wieder nach Hause.«
Evelyns Zeitgenosse, Samuel Pepys, der etwas später eine andere behaarte Frau auf einem Marktplatz besichtigte, notierte in sein Tagebuch: »Es war ein fremdartiger Anblick für mich, ich gesteh's, und einer der mir mächtig gefiel.«

---

* Die Island-Hunde waren wuschelig, weiß, und waren als Schoßhunde in den guten Kreisen der Gesellschaft des 17. Jahrhunderts in Mode.

Was Evelyn an der Urslerin, mit der er sich auch unterhielt, so fesselte: daß sie ihn erinnerte an eine Hündin, »obendrein aber« Virtuosin auf verschiedenen Musikinstrumenten war; Dressur, Kultur: und dann versichert sie ihm noch, sie habe ein Kind, das ganz normal sei. Ähnlich in unserm Jahrhundert der Reporter Egon Erwin Kisch über die zusammengewachsenen Schwestern Rosa und Josefa Blažek, die im Duett sangen und Geige spielten. Nachdem er als erster die Nachricht von Rosas Entbindung in die Welt gekabelt hat und dafür, wie er schreibt, »Dollarschecks« in Empfang nimmt, entblödet er sich nicht, von »Rosas Fehltritt« zu reden. Und auch kokett zurückzuweisen, daß er selber der Vater sei: »... erkläre ich hiermit, nur die Nachricht von der Geburt des Kindes in die Welt gesetzt zu haben, nicht aber das Kind selbst.« – (Die zusammengewachsenen Schwestern, in: Marktplatz der Sensationen, Wien 1947.) Zur Darbietung der gebändigten monströsen weiblichen Natur

Barbara Vrslerin ward geboren ihm Iar 1 6 3 3. den 18. Febru: arij. in Augspurg Ihres Alters im 20. Iar. Ist gantz vnd gar ha:echt mit schönem gelben haar im angesicht 2. grosse locken auss beyden ohren gehn, Ihr vatter heyst Balthaser Vrsler. ihr Mutter Anna Vrslerrin. *Isaac Brunn delin. et sculpsit. 165:*

---

gehört eben auch die Vorstellung von Sexualität, in der die Frau Beute des Mannes ist, die dann noch für den *Fehltritt* zu büßen hat – – – Faust: der Gelehrte, zwischen seinen staubigen Büchern und Manuskripten – »es möchte kein Hund so länger leben«. – Es folgt: die Gretchen-Tragödie – – – – –

Philologie
(Liebe zum Wort)

HUNDSFOTT, HUNDSFUTT, m. *Es bedeutet verächtlicher, vorzüglich feiger Mensch und war seit dem 16. Jahrhundert ein beliebtes Schimpfwort.* Die Gebrüder Grimm schreiben in ihrem *Wörterbuch* es bedeute vulva canina und teilen ein Sinngedicht Logaus mit:

den, der sich nicht wehren wil, heist man,
wie man heist das theil,
das desz hundes weib so frei pflegt zu brauchen
und so geil.

Ein Herzeleid.

Wir halten uns auf dem Lande, auf einem Herrenhause auf, wo es sich ereignet hatte, daß die Herrschaft auf einige Tage verreist war. Während dessen kam aus dem nächsten Städtchen eine Madame an; sie führte einen Mops bei sich, und kam, wie sie sagte, damit man Actien auf ihre Gerberei nehmen möge.

Dienstag, 27. Januar ARD

20.15 *Sterns Stunde* (Report: Der Hund als Ware) Autor Stern: »Ich habe nichts gegen den Mops, der einer alten Dame die letzten Jahre verschönt.« (Programmvorschau)

* * *

Natürlich haben Bilder von Katzenfrauen – die Frau als gefährliches, doch bezwingbares Raubtier – auch ihren

Platz im männlichen Phantasieraum, aber als Gegengewicht gehört dann der vermenschlichte verweiblichte Hund mit dazu:

Auf diesem Ausschnitt eines Gruppenbildes aus Josef von Sternbergs Film »Shanghai Express« (1932) steht Marlene Dietrich zwischen der chinesischen Hure (Anne May Wong) und der alten, komischen, Cockney sprechenden Pensionsinhaberin Mrs. Haggerty (Louise Closser Hale), die ihren Hund *Waffles* im Arm hält – er war als blinder Passagier mit im Zug. Alle Reisenden versuchen hier, dem Blick des chinesischen Revolutionsführers standzuhalten. Die Chinesin, die Katzenfrau – in Wirklichkeit spielte May Wong *am liebsten Mütter*, wie W. Benjamin 1928 in einem Gespräch mit ihr erfuhr – wird sie schließlich davon befreien, mit einem Dolch – – – – Der Zug kann weiterfahren.*

---

* Ein Zug, der nicht ankam: Rechtes Bild – Frauenfeindliche Karikatur aus Versailles, als der Commune-Aufstand mit einem Blutbad beendet worden war.

Souvenirs de La Commune.
No. 17

Der Frauen-Klub.
Bürgerinnen, die Männer sind Schurken, meiner läßt mich vor Kummer sterben und er ist noch nicht gehenkt – Bürgerinnen, nieder mit allen Männern!
– Ja, Ja, bravo! bravo!
Ich opfere meinen dem Vaterland, macht es wie ich. Ja, Ja...

Thomas Mann, Betrachtungen eines Unpolitischen: *Wir werden auch die gerichtlichen Freisprüche interessanter Mordweiber haben – aus Galanterie oder aus Parteipolitik oder aus beiden Gründen. Denn welche Sache überhaupt wird nicht sofort zur Machtprobe der Parteien entarten?*

Wie anders war sein Bauschan: »Dann legt er sich nieder, wobei er jedoch die Berührung mit meinem Fuße wahrt. Er liegt im Profil gegen mich, in der uralten, ebenmäßigen und tierisch-idolhaften Haltung der Sphinx, Kopf und Brust erhoben, die vier Oberschenkel am Leibe, die Pfoten gleichlaufend vorgestreckt. Da ihm warm geworden, öffnet er den Rachen, wodurch die gesammelte Klugheit seiner Miene sich ins Bestialische löst, seine Augen sich blinzelnd verschmälern: und zwischen seinen weißen, kernigen Eckzähnen schlappt lang seine rosenrote Zunge hervor.«

Röslein, Röslein, Röslein rot – – –

Thomas Mann macht aus Bauschan – der Name ist natürlich literarisch* – einen Mythos.

---

* Aus Fritz Reuters Roman *Ut mine Stromtid* 1862–64; der »deutlich spürbare sozialrevolutionäre Ton seines Frühwerks« ist darin nicht mehr enthalten. Bauschan wird bei Fritz Reuter »Thronfolger« genannt, ein Hund folgt auf den anderen – – –

»Jung-Bauschan was de jüngste Nakaam von dat ganze Bauschangeschlecht, wat sörre Oll-Jochen sine Tiet in de Huus upföddt un anbännigt worden was; wenn he anreedt *würd, würd he »Bauschan« raupen; wenn aver* von *em reedt würd, dann würd he »de Thronfolger« näumt, nich üm sinentwillen, nee, üm Jochen sinentwillen, wiel dit – so veel sik Minschen entsinnen kunnen – de eenzigste Witz was, den he mal in 'ne gaude Stunn farig kregen hadd.«*

Thomas Mann als Ödipus vor seinem Hunde:
»... und hohe Freude an sich selbst spricht aus jeder der kriegerischen, männlich ursprünglichen Posen, die er in stetem Wechsel entwickelt.«
(Herr und Hund)

Marlene Dietrich hat in Sternbergs Film zwar die Augen eines Phantasiewesens, vielleicht die eines felinen Raubtiers – – – ihr Glamour-Kostüm macht sie aber zu etwas anderem: sie ist wie ›Feathers‹ McCoy (Evelyn Brent), die in Sternbergs früherem Gangsterfilm »Underworld« die Geliebte von Clive Brook war: das Medium dieser Frauen ist die Luft – wie bei dem Seiltänzer, den John Evelyn auf dem Marktplatz bestaunte – – –*

* Frieda Grafe: »... dann ist es immer derselbe Wind der Unordnung, des Lebens, der in die verknöcherten Systeme bläst. Hahnenfedern, Affenhaar, Boas, Pelze, blonde dünne Locken, Spitzen, Schleier gegen Uniformen mit Rangabzeichen und Zylinder. Sie inkarniert nicht das Böse wie früher die vampirischen Frauen, sie inkarniert bloß die Bewegung, die Veränderung bringt.« (»Das Bild der Marlene und wie daraus ihr Image wurde.«)

Kino:
Ein Bildnis nur ...

Clive Brook und Marlene Dietrich, *Shanghai Express.*

Donald Harvey: (auf dem Bahnhof in Shanghai, dem Ziel der Reise) »*Wie in Confucius' Namen kann ich dich vor all den Leuten küssen?*«
Wir sehen Menschenmengen, die auf dem Bahnsteig hin- und hereilen. Harvey blickt herab zu Lily, dann blickt er verstört auf die vorbeigehenden Leute.
Shanghai Lily: »*Aber Donald, niemand ist hier, außer dir und mir. Außerdem kommen viele Liebende auf Bahnhöfe um sich zu küssen ohne Aufmerksamkeit zu erregen.*«

Sie küssen sich leidenschaftlich und wir sehen, wie ihr behandschuhter Arm sich um seinen Nacken schließt, während er sich zu ihr beugt. Ausblende.
Einblende auf die Menge im Bahnhof. Ausblende. Wieder Einblende auf Lily und Harvey, noch immer in ihre Umarmung eingeschlossen. Ausblende.

The End.

Eine durch Liebe geläuterte Edelnutte – oder Boa Constrictor? Jedenfalls kein Fall für die Zensur...
Anders als Sternberg/Dietrich ging es 1708 Matthias Buchunger, dem der Nürnberger Rat 1708 nicht erlaubte, sich als »Monstrum ohne Hände und Füße« zu präsentieren--- »der schwangeren Frauen halben«: seine »Künste, die sich in kein Zimmer schicken«, durfte er nicht in einer Bude auf dem Markt vorführen. Nur in einem Wirtshaus könne ihm solches zur Not gestattet werden--- Kino, etwa 1720:

Eigenthliche Abbildung des in Irland von Fermnangh gefangen und nach Dublin gebrachten Menschen-Fressers.

Wilde Tiere im Film, Erlebnisse aus meinen Filmaufnahmen in aller Welt. Von Joseph Delmont. Langjährigem Großtierfänger und Tierfilm-Regisscur, 10. Auflage, Stuttgart 1927.

Der Puma geht den Menschen nur an, wenn er in die Enge getrieben wird oder verwundet ist. Dann ist er sehr gefährlich, denn seine Kraft und Zähigkeit übertrifft die aller anderen großen Katzen.
Und doch ist auch der Puma zähmbar. Schreiber dieser Zeilen traf auf seinen Reisen in Mittelamerika auf einer Farm unweit Juscarao, Honduras, einen sehr zahmen Puma, der schon voll erwachsen in einer Netzgrube gefangen worden war. Es war ein vollkommen ausgewachsenes Pumaweibchen, das den Haciendero an einer Kette wie ein Hund begleitete. Das Eigenartige an dieser Bestie war, daß sie sich mit allen Hunden gut vertrug und gerne mit ihnen spielte, aber jeder Katze, deren sie habhaft werden konnte, den Garaus machte. Noch einige eigentümliche Angewohnheiten von diesem Tier: Es hatte eine unheimliche Angst vor dem in der dortigen Gegend häufig vorkommenden »Leguan«, einer zahmen Rieseneidechse, die sich in der Nähe von bewohnten Gegenden aufhält und von den Eingeborenen gefüttert und geschützt wird, da sie viel lästiges kleines Feldungeziefer vertilgt. Außerdem zog der besagte Puma gekochtes Fleisch dem rohen vor.
Der schwarze Panther wie all die »kleineren Katzen« ist mit einer für seine Körpergröße viel zu kleinen Gehirnmasse ausgestattet, und seine Dressur ist deshalb sehr schwierig. Die Truppe der 22 Raubtiere arbeitete jeden Abend anders. Die großen Gruppenbilder kamen stets

auf einem anderen Weg zustande, da die Tiere immer wieder den Weg vergaßen, den sie zu nehmen hatten, um auf den für sie bestimmten Podest zu kommen. Raufereien fanden häufig statt, und oft waren es gerade die zwei Doggen, die die Tiere auseinander trieben.
Beim Publikum ist vielfach der Glaube verbreitet, daß die großen Hunde in den Käfigen, zum Schutze ihrer Dompteure bzw. Dompteusen dienen. Wohl schützen diese Hunde ihre Herren im Falle der Gefahr, doch nützt ihr Eingreifen sehr wenig, denn rasch wenden sich auch die anderen Bestien dem Kampfe zu, und um die Hunde ist es meist nach dem ersten Tatzenhieb geschehen. – Der Dompteur kann sich immer nur durch seine eigene Kaltblütigkeit und Geistesgegenwart retten.

*

Bald machen die Haie aus all diesen Menschenwesen, die ihre vier Gliedmaßen auf solch unsicherem Kontinent bewegen, nur noch ein Omelett ohne Eier und teilen es unter sich nach dem Gesetz des Stärkeren. (Lautréamont, Maldoror)

Außenseiter – immer schon:

Spielleute aus dem 16. Jahrhundert. Kupfer von Lorenz Strauch

Der eine Hund neben den Spielleuten bezeichnet ihren Status – außerhalb der bürgerlichen Gesellschaft, Diener, Unterhalter – – – der andere Hund ist der Wächter, dienstbarer Geist, der die Eindringlinge in ihren Grenzen verweist.

Erinnerungen an Diogenes

Aus: Diogenes von Sinope. Eine Ehrenrettung, in: Zwei Charakterbilder aus dem classischen Alterthum verfaßt von Friedrich Hersche, Lehrer der alten Sprachen am Progymnasium zu Biel, Luzern MDCCCLXV. Vorwort, S. 1:

Diogenes von Sinope, welchen feindselige Spötter und persönliche Gegner mit dem nichts weniger als respectierlichen Namen »der Hund« persiflirten, ist in landläufigen Geschichtsbüchern nebst anderen Zügen so besonders durch seine ewig denkwürdige Antwort an den Großen Alexander »geh mir aus der Sonne« als Typus natürlicher Einfachheit und Selbstgenügsamkeit bekannt.

* * *

Als er einst auf dem Markte Onanie trieb, sagte er: »könnte man doch den Bauch ebenso reiben, um den Hunger los zu werden.«
Als Platon die Definition aufstellte, der Mensch ist ein federloses zweifüßiges Tier, und damit Beifall fand, rupfte er einem Hahn die Federn aus und brachte ihn in dessen Schule mit den Worten: »Das ist Platons Mensch.«
Platon beobachtete ihn, wie er einen Kohl abspülte; er trat an ihn heran und sagte leise: »Hättest du dich dem Dionysos fügsam erwiesen, so brauchtest du keinen Kohl zu waschen.« Diogenes antwortete ebenso leise: »Und hättest du dich zum Kohlabspülen herabgelassen, so hättest du dich nicht dem Dionysos dienstbar gemacht.«
Als Platon ihn Hund nannte, erwiderte er: »Jawohl, denn ich bin zu denen, die mich verkauft haben, wieder zurückgekehrt.« (Menippas erzählt in dem »Verkauf des

Diogenes«, wie er Seeräubern in die Hände gefallen sei und bei seinem Verkauf als Gefangener auf dem Sklavenmarkt habe man ihn gefragt, auf welches Geschäft er sich verstände, und seine Antwort habe gelautet: »Über Männer zu herrschen«; und dem Herold gab er die Weisung: »Rufe aus, ob einer gewillt sei, sich einen Herrn zu kaufen.«)

Bei einer Mahlzeit warf man ihm Knochen hin wie einem Hunde, doch er bepißte sie beim Weggehen wie ein Hund.

Mitgeteilt von Diogenes Laertius, Leben und Meinungen berühmter Philosophen. Übersetzt aus dem Griechischen von Otto Apelt, Berlin 1955, Band 1.

Zeichnung: Power Booth

Freizeit Revue

Wer mit wem? Das war auch diesmal die brennende Frage von Klatschtanten und Fotoreportern. Denn alle Jahre wieder geben sich in den Hochburgen des Wintersports, in Gstaad und St. Moritz, die Schönen und die Reichen ein Stelldichein.
Heiße Liebe im kalten Schnee.
Ein Bericht von Sylvia Beaudelle, Gstaad.

Niedrige Temperaturen tun der Liebe noch längst – – –
Szenen kommen –
Und noch ein Paar lenkte in Gstaad gern die Blicke auf sich: Curd Jürgens, der engumschlungen mit der zarten Margie Schmitz auf den Straßen prominierte.
Wie sich der Schau – – – – – – – – – – – – – – – – – – –

Ein braver Hund folgt aufs Wort. Rasputin hat Margie längst als Frauchen anerkannt

Curd Jürgens genoß mit seiner zukünftigen fünften Frau die Flitterwochen schon vor der Hochzeit. In seinem herrlichen Haus in Gstaad verbrachte das Paar wunderbare Urlaubstage. Dritter im Bunde: Hund Rasputin

Die Hundedressiererin als dressierte Hündin – wie schafft man die Dame ins Bad?

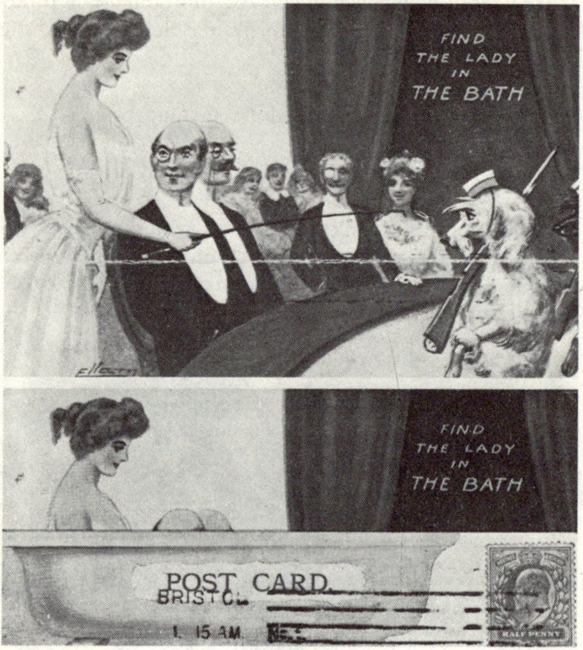

Englische Postkarte von Ellam, um 1910. Kein Such-, ein Denkbild: wenn man die Karte am unteren Drittel hochklappt, erscheinen die letzten Haare der glatzköpfigen Lüstlinge als Anfangsbehaarung einer Hundedame – – – Scham-Haare – – – Ein Fehler des Druckers oder des Falzers hat abgebildet, was ohnehin schon in den Köpfen der Männer – und nur da – war.

Der Hund als Mumie

Der Porzellanhund im Wohnzimmerschrank:

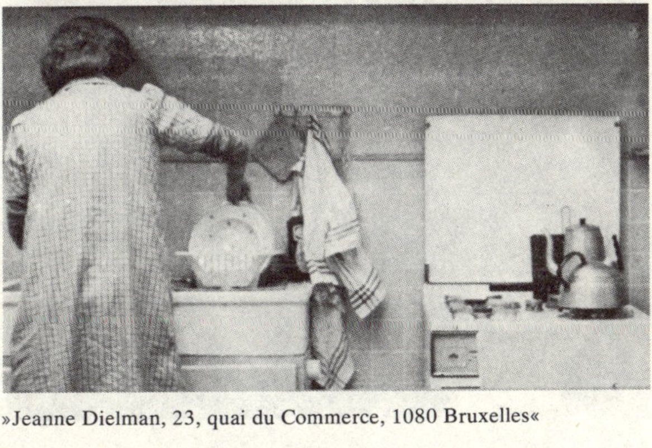

»Jeanne Dielman, 23, quai du Commerce, 1080 Bruxelles«

In dem Film »Jeanne Dielman, 23, quai du Commerce, 1080 Bruxelles« von Chantal Akerman, Belgien 1975, spielt Delphine Seyrig die Mutter und Jan Decorte ihren Sohn Sylvain.

Jeanne Dielman: eine Frau, eine Adresse, ein Filmtitel. Dic französische Tageszeitung »Libération« hat sie zur Frau des Jahres 1975 gemacht. Auch sie ist eine Frau mit dem Dolch: ihren letzten Kunden bringt sie um, im Schlafzimmer. Das ist aber ein bloßer Kinoschluß. Jeanne ist Hausfrau. Am Ende des Films sehen wir sie wieder auf ihrem üblichen Platz, am Tisch. Dazu das An und Aus der Leuchtreklame draußen auf der Straße, die regelmäßig auf sie scheint.

»Jeanne Dielman . . .« ist ein Film aus der neuen Frauenbewegung.

Literaturkritik.

Paul Léautaud,
Literarisches Tagebuch 1893–1956.
Eine Auswahl, hgg. von Hanns Grössel,
Rowohlt Verlag

Veröffentlicht im Februar 1966.

38 Katzen 22 Hunde 1 Ziege, aber es waren weit mehr Tiere.
Eigentlich müßte Mallarmé ausgepfiffen werden.
Alfred Jarry und Charles Baudelaire onanierten zuviel.
Arthur Rimbaud ist fast Rimbaud.
Am 23. November 1946 folgendes: »Ich habe mir einen Nachttopf gekauft!«
Gelächter Koitus Cocteau.
Die Nieten Montherlant Michaux Camus.
Ich erinnere mich, aus Valérys Worten war nur herauszuhören, daß er ein Gebiß trug.

Wolf Wondratschek, Omnibus. Carl Hanser Verlag, München, Mai 1972

* * *

Dies Foto ist aus dem Hollywoodfilm »The Kiss« (1929) von Jacques Feyder, in dem Greta Garbo die Frau eines Seidenhändlers spielt, die ihren Mann erschleßt, weil er auf den Sohn seines Teilhabers (Lew Ayres) eifersüchtig ist und ihn zu töten droht. Greta Garbos letzter Stummfilm: mit Hund und Lew Ayres als Liebhaber.

Aus dem Tagebuch von Paul Léautaud

Mittwoch, den 19. Februar
Ich habe meinen Brief an Gide so schnell geschrieben, und ich bin manchmal so verärgert, weil mich meine Katzen und Hunde so stören, während ich schreibe, daß ich beim Schreiben alles durcheinander kriegte, in seinem Brief habe ich ein Wort für ein anderes genommen. Er schreibt mir: *Ihre abscheulichen Unzulänglichkeiten.* Ich habe geschrieben: *meine schrecklichen Unzulänglichkeiten.* Statt sorgfältig meinen Brief noch einmal zu lesen, sofort in den Umschlag gesteckt. Es sind darin zwei Zeilen über die große Achtung, die ich für ihn habe, die ich besser nicht geschrieben hätte, wegen ihrer ein bißchen lächerlichen Feierlichkeit. Ich merke das alles heute abend, am *Durchschlag* meines Briefes.
Seit einiger Zeit schon merke ich, daß ich alles zu schnell mache.
Heute morgen habe ich, auf Bitten meines Dienstmädchens ein neues Tier adoptiert, eine kleine Hündin, die Nachbarn gehört, die sie ständig draußen herumlaufen lassen, sieht aus wie ein Skelett, lassen sie in einer ganz offenen Kiste draußen schlafen, zu dieser Jahreszeit, wo es nachts stark friert. Ein anderer kleiner Hund, den sie genauso untergebracht haben, außer daß er sich nicht aus seiner Kiste rührt, er ist an sie angebunden. Die meisten Leute lassen ihre Hunde draußen schlafen, in Hütten alter Bauart, mit großem Eingang, das Tier voll der Kälte ausgesetzt.
Eine Hundehütte muß so gemacht sein: der Eingang, genau nach der Größe des Hundes, in einer Ecke der Hütte und nicht in der Mitte, so daß das Tier sich hinlegen kann, ohne den Luftstrom abzukriegen. Wieviele wissen das oder haben je darüber nachgedacht.

Um Mitternacht fange ich gewöhnlich mit größtem Schwung und Vergnügen an zu arbeiten, und ich muß zu Bett gehen, wegen der Verpflichtung, morgens pünktlich im Büro des *Mercure* zu sein. Ich verliere das Vergnügen am Schreiben, Befriedigung alles zu tun, was ich zu tun habe, und Geld, das ist gleich: Freiheit.

Donnerstag, 19. November
Heute morgen bei Mme Hy vorbeigeschaut, mich nach meinem anderen Schützling erkundigt. Auch da geht es sehr gut und alle sind gleichermaßen bezaubert.

»Erscheint demnächst ... oder Rückkehr von Paul Léautaud, die Vorsehung der Katzen und Hunde«. (Karikatur aus der Zeitung »XXe siècle«, 10. Januar 1946)
Boulevard der Bosheit Avenue der Unabhängigkeit Straße der Offenheit

(Eine andere Hundegeschichte, die mich nicht zum Lachen brachte.

L'Intransigeant, 20. November

»Es handelte sich um einen Pudel.

»Man hatte ihn ins Laboratorium von Professor X... geführt; in sich gekehrt, in seiner Ecke, sah er dem schrecklichen Todeskampf von einem Dutzend seiner Artgenossen zu.

»Der Professor X... ist nämlich ein begeisterter Anhänger der Vivisektion.

»Schließlich führt man unseren Hund auf den Seziertisch; man fesselt ihn und plötzlich bemerkt man, daß der arme kleine Pudel sich nicht mehr rührt.

Man beugt sich herab; man hört ihn ab; es wird festgestellt, daß er tot ist!

Der kleine Pudel, der gesehen hatte, was man mit den anderen Hunden machte, der erraten hatte, was man ihm antun würde, *war vor Furcht gestorben!* ... Professor X..., der uns diese Szene gestern erzählte, kam dabei noch ins Zittern.

Er sagte uns:

»– Ich werde nie wieder eine Vivisektion vornehmen...«

Würde dieser Professor doch Nachfolger in seiner Abstinenz finden! Aber es ist eher zu befürchten, daß andere nachprüfen wollen, ob es diesen Fall eines Hundes, der *vor Furcht stirbt,* wirklich gibt...«

Paul Léautaud, *Bestiaire.* Préface de Marie Dormoy, Paris 1959.

Hitparade

The Monkees*

»Gonna buy me a dog«

* »Pfötchengeben« können wir unserem Hunde sehr schnell lehren. Die Veranlagung, eine Pfote vorzustrecken, stammt vom Milchtritt gegen die Mutterbrust. – Wir ziehen dem sitzenden Hund mit der Hand eine Vorderpfote vor, halten ihm einen Belohnungshappen hin und befehlen »Gib Pfötchen«. Den Happen erhält er, sobald er die Pfote vorgestreckt läßt. »Pfötchengeben« ist ein ebenso gefährliches Spiel wie »Schönmachen«.
Aus: Manfred Koch-Kostersitz, *400 Ratschläge für den Hundefreund.* Bildideen und Zeichnungen von Hans Presse, Melsungen 1963.

Ich werd mir 'nen Hund kaufen*

Weißt du, mein Mädchen rief mich eben an, –
Als ich gerade schlief. –
Du hättest hören sollen, was sie mir für Sachen sagte, –
Weißt du, sie verletzte meine Gefühle tief. –

Ich werde mir 'nen Hund kaufen, –
Weil ich jetzt einen Freund brauche.
(Einen Hund, einen Hund, warum?)
(Sag doch: du brauchst alle Freunde,
die du kriegen kannst!)
Ich werd' mir 'nen Hund kaufen.
Mein Mädchen, mein Mädchen,
sie liebt mich ni-hicht.

Sie brachte mir meine Zeitung,
Weil sie wußte, wo es längs ging. –
Sie machte mich immer zufrieden.
Aber ich kann einem Hund lehren, das zu tun. –

Ich werd' mir 'nen Hund kaufen. –
Weil ich jetzt 'nen neuen Freund brauche.

* *Gonna buy me a dog*
by Tommy Boyce and Bobby Hart 1966 ©
gesungen von The Monkees

YOU KNOW MY GIRL JUST CALLED ME UP, –
AND SHE WOKE ME FROM MY SLEEP. –
YOU SHOULD HAVE HEARD THE THINGS SHE SAID, –
YOU KNOW SHE HURT MY FEELINGS DEEP. –
I'M GONNA BUY ME A DOG, –
'CAUSE I NEED A FRIEND NOW. –
(A dog, a dog? Why?)
(say, you need all the friends you can get!)
I'M GONNA BUY ME A DOG, –
MY GIRL, MY GIRL,
SHE DON'T LOVE ME NO-HOW.

SHE USED TO BRING ME MY NEWSPAPER,
'CAUSE SHE KNEW WHERE IT WAS AT. –
SHE USED TO KEEP ME SO CONTENDED,
BUT I CAN TEACH A DOG TO DO THAT, –

I'M GONNA BUY ME A DOG. –
'CAUSE I NEED A NEW FRIEND NOW. –

Affenhündchen (Hundsaffe) –
... ein äußerst seltenes Tier, sagt ein lehrreiches Bilderbuch für Kinder, aus alten Zeiten, zu dieser Abbildung.

Bob Dylan hatte einen Affen (»I shall be free No. 10«: aber wie soll man diese Geschichte übersetzen?). Carl Weissner –

Well, ich setz meinen Affen auf die Dielen
Und sag ihm, er soll mir 'n Hund vorspielen – – – –

Well, I set my monkey on the log
And ordered him to do the Dog
He wagged his tail and shook his head
And he went and did the Cat instead
He's a weird monkey, very funky.

Ein Lied, sagt Bob Dylan am Ende, das gar nichts ist: »Es ist etwas, was ich drüben in England lernte...«

Dressierte Affen und Hunde, um 1800

Was Dylan in England gelernt hat: »It ain't nothing just to walk around and sing, you have to step out a little, right?« soll er an einem Januarmorgen zu Beginn der sechziger Jahre zu einer Freundin in London gesagt haben. (Anthony Scaduto, *Bob Dylan,* S. 145)
Damals schrieben John Lennon und Paul McCartney »A Hard Day's Night«:

It's been a hard day's night
And I've been working like a dog*
It's been a hard day's night
I should be sleeping like a log – – –

Dylan übertreibt das understatement der Beatles, spielt damit, und ist im Verhältnis zu seinen Wörtern das, was er – in affektierter Bescheidenheit? – immer behauptet, *nur* zu sein: Musiker – einer, der seinem Material folgt, mit ihm umgeht, Wörter benutzt, die sich reimen, die aber ihre eigenen = umgangssprachlichen Bedeutungen und alle anderen behalten.**
»I shall be free No. 10«, 5. Strophe: ein wenig folgsamer Affe, der nicht den Hund, sondern die Katze macht...
Cat – damit kann man, im Slang, viel meinen; bei Dylan – auch in seinen Gesprächen und Interviews – ist es ein schlauer Typ, oder einfach ein Mensch. *Funk* kommt aus der (Jazz)Musikszene: eine vage Depression, wenn einer

---

* Arbeiten wie ein Hund, schlafen wie ein Holzklotz...

So why i love to come home
'Cos when I get you alone
You know I'll be okay.
(The Beatles – Abbildung auf der nächsten Seite)

** »Die Worte für die Songs werden nicht einfach runtergeschrieben, damit sie auf dem Papier stehen. Sie sind geschrieben, daß du sie lesen kannst, kapierst du? Wenn du alles wegnimmst von dem Song – den Beat, die Melodie – ich könnte ihn immer noch vortragen.«

bloß herumhängt und dann eine bestimmte Musik entsteht... *weird* ist nicht *wirr,* eher das, was die Wörter-Verwalter dafür halten: in einem Wörterbuch von 1960/68 steht: »es paßt gleich gut für Introvertierte, Genies, Homosexuelle, abstrakte Maler und ihre Produkte, Vogel-Beobachter usw., und kann auf jeden Non-Konformisten angewendet werden.«

* * *

Wirklich, die Wahrheit ist nur so ein einfaches Bild. – »Really the truth is just a plain picture«, sagt Dylan in dem Film über seine Konzerttournee in England, 1965, zu dem Reporter eines Nachrichtenmagazins. D. A. Pennebaker, »Don't Look Back«:

Bob Dylan illustriert die erste Zeile aus »Subterranean Homesick Blues« (1965). Links Allen Ginsberg.

Nicht so *weird:*
Wenn Hunde frei herumliefen – – – – FREE – WHEELIN':

Zeichnung von Bob Dylan zu seinem Song »If Dogs run free« (1970)*

Mit den Hunden vor das Stadthaus
Genf, 18. Mai (dpa). 8000 Genfer Hundebesitzer haben gedroht, mit ihren Tieren das Genfer Stadthaus zu belagern, falls die Behörde nicht sofort einen Erlaß rückgängig macht. Die Genfer Stadtväter hatten kürzlich im Interesse der Sauberkeit auf den Straßen und in den Parkanlagen »absoluten Leinenzwang« angeordnet. Die Hundebesitzer sind außerdem gehalten, den Abend- und Morgenspaziergang mit ihren Schützlingen nur an Orte zu unternehmen, an denen das Publikum nicht belästigt wird. Der Genfer Verband der Hundefreunde hat nun die Hundebesitzer aufgerufen, den Marsch auf das Stadthaus zu unternehmen und sich zu weigern, die demnächst fällige Hundesteuer zu zahlen.

* Ein Brief von Bob Dylan:
schon fünf Stunden ohne einen Schluck/ Wasser ich glaub ich bin bereit für/ die Wüste. willstu kommen? ich werd/ meinen Hund mitnehmen er is immer/ sehr witzig. hol dich ab/ um sieben/ in Treue/ Schwein »Sand im Mund des Filmstars« Tarantula.

Hundefreaks

Die sonntagnachmittage das fest im Central

Park:

Theater, musik,

lieben, marijuana,

fahrräder, kinder,

kutschen, drachensteigen,

hamburgers, ruderboote.

zoo, karusselle mit holzpferden

und photographen, verliebt in Bruegel.

Und am Brunnen eine menschenmasse mit einer

menge hunde dazwischen gruppen von musikern.

Arrabals New York, Paris 1973, S. 21 f.

* * *

»Kurz nach der Julirevolution, so um 1833, führte eine kleine Künstlerkolonie, ein Lager von pittoresken und literarischen Bohemiens das Leben eines Robinson Crusoe – nicht auf der Insel Juan Fernandez, sondern genau in der Mitte von Paris, im Angesicht der konstitutionellen und bürgerlichen Monarchie, im Winkel des Carrousel-Platzes nämlich, den man vom Verkehr ausgenommen hat, wie stehendes Gewässer von Flüssen, in dem weder Strömungen noch sonst eine Bewegung zu spüren ist.« (Théophile Gautier, Die moderne Kunst, Paris 1856, S. 94f.)

Gautiers Romanze »Tristesse« (Traurigkeit) wurde von Célestin Nanteuil für den Klavierauszug der Vertonung von Edouard Garnier illustriert, frei nach Dürer:

Nanteuil hat seinen Freund Gautier dargestellt, wie er, melancholisch, seinen Hund, den letzten Halt – oder das einzig Lebendige in einer harten Welt? – auch noch von sich weist. Im Hintergrund: Hübsche Frauen, Trinkende,

Paare, Musik, Küsse – – – Der Frühling ist wieder da: alles liebt sich, es herrscht die Lust – oder was der Bürger sich darunter vorstellt:

Ich, ich liebe nichts mehr,
Weder Mann, noch Frau,
Meinen Körper oder meine Seele.
Nicht einmal meinen alten Hund.

Zu der ersten Bohème in Paris gehörte auch Pétrus Borel, der den »Robinson« übersetzte und ihn für sich und seine Freunde stilisierte zum Bildnis eines Gestrandeten, der in einer nur durch Geld bestimmten Umwelt noch wahre Werte, treue Freundschaft usw. realisiert, mit ganz wenigen Wesen – – – – –
Ein Bild, das seine Anziehungskraft behielt bis zu den Hundefreaks heute: Joe Dalessandro, der in Warhol/Morrisseys Film »Trash«, 1970, mit seinem Hund die New Yorker Straßen durchstreift, aber nicht mehr wie Robinson von der ersten Natur, sondern von den Abfällen der zweiten lebt, welche die bürgerliche Gesellschaft ausscheidet – – –

* * *

Wie Robinson in seiner Einsamkeit gestört wurde:
Zuerst, auf der Insel, hat er nur *einen* Gedanken, sich gegen Raubtiere und Wilde zu verteidigen. Der Schiffshund war ihm auf seiner ersten Floßfahrt nachgeschwommen »und war mir viele Jahre ein zuverlässiger Diener; mir fehlte nichts, was er mir holen konnte, er leistete mir Gesellschaft so gut er konnte, ich wünschte nur, daß er zu mir spräche, aber das ging nicht.«

Französische Robinson-Illustration, 1786 (aus der Reihe: Phantasie-Reisen...) Robinson und (sein neuer Hund) Freitag:

»Er nimmt einen meiner Füße und stellt ihn auf seinen Kopf, vielleicht damit ich verstehe, daß er mir Treue schwört.«

Sein Hund, der treue Diener, ist schon lange an Altersschwäche gestorben. – Als sich Freitag ihm unterworfen hat, schreibt Robinson: »Was meinen neuen Begleiter anging; ich war sehr erfreut von ihm, und machte es zu meinem Geschäft, ihm alles beizubringen, damit er nützlich, immer bei der Hand und hilfreich wäre; aber besonders, damit er redete und mich verstände, wenn ich sprach, und er war der fähigste Schüler, den es je gab ...«*

---

* Ein Leser, der *Robinson* bei der Eroberung des Wilden Westens als Lehrbuch dabei hatte, hat die Gleichsetzung von Freitag mit dem *Hund* vollzogen. Philarète Chasles berichtet von einem *squatter,* der erzählt wie er, in seinem *log-house* an den Ufern des Ohio, »nachdem er oft zwanzig Monate lang kein menschliches Antlitz gesehen und von schlechter gekochter Gerste statt Brod sich genährt, von den Indianern und von den Raubtieren des Urwalds verfolgt, gezwungen sich beständig mit einer wilden Völkerschaft herumzuschlagen, erschöpft nach Hause kehrte und beim Lichte seines in Biberfett getauchten Rohrlichts jenes göttliche Buch las, welches, mit der Bibel, sein Trost und seine Stütze war.«
»*Ich fühlte,* setzt der Pflanzer hinzu, *daß ich alles thun könnte, was Crusoe gethan hatte; die Einfachheit seiner Erzählung brachte Ueberzeugung in meinen Geist und Mut in meine Seele. Ich schlief ruhig ein, meinen Hund, den ich Freitag genannt, zur Seite, und den folgenden Morgen schon um vier Uhr früh, nachdem ich diesen Band, der für mich kostbarer als Gold war, eingeschlossen, nahm ich von Neuem meine Axt und fing wieder an zu arbeiten, indem ich Gott segnete wegen der Macht und der großen, tröstenden Kraft, die er einem Menschen über seines Gleichen gegeben hat.*« Karl Hillebrand, »Defoe und Robinson Crusoe«, in: *Zeiten, Völker und Menschen. Dritter Band. Aus und über England,* Strasburg 1892.

Robinson – umgekehrt
(King Kongs Rache)

Freitag, auch äußerlich als Diener ausstaffiert, der seinen neuen Herrn nach England begleitet, ist das – nützlichere – männliche Gegenstück zur Hundefrau, die nur einen Schau-Wert hat.

Es gibt aber in dem nur wenige Jahre nach Defoes Geschichte erschienenen viel witzigeren Reisebuch von Swift eine Szene, wo Gulliver in Brobdingnag, dem Lande der Riesen, von einem Wachtelhund spielerisch im Maule durch den Garten getragen wird – – –

Ratten von der Länge einer großen Dogge hatten den kleinen Mann schon vorher angefallen, mit seinem Hirschfänger erlegt er Insekten, die so groß wie Rebhühner sind, aber die größte Gefahr im Königreich Brobdingnag geht für ihn von einem Affen aus, der einem Küchengehilfen gehört. Er entdeckt ihn eines Tages in dem Kästchen, das ihm als Wohnung eingerichtet ist, sieht mit großem Vergnügen und Neugier hinein, fängt ihn und entführt ihn aufs Dach des Schlosses. Gulliver glaubt seine letzte Stunde sei gekommen. Dabei liebt ihn der Affe, streichelt ganz sacht sein Gesicht mit der Pfote – – – die Riesendiener steigen ihnen schließlich mit Leitern nach und retten Gulliver. Der Affe wird mit dem Tode bestraft.

Illustration von Job zu »Gullivers Reisen«, II, 5

»... und steckte eine seiner Pfoten zur Tür herein, wie eine Katze, wenn sie mit einer Maus spielt.«

Zeichnung von Willis O'Brien. Die danach gedrehte Szene wurde in Amerika zensiert und ist erst vor kurzem in eine wiederhergestellte französische Fassung aufgenommen worden.

Diese Episode ist 200 Jahre später in den gezeichneten Vorlagen von Willis O'Brien für den Film »King Kong« fast identisch noch einmal entworfen:
Es handelt sich offenbar um die Metamorphose eines Traumes, eines Traumes der zu Beginn der dreißiger Jahre unseres Jahrhunderts eine extreme Zuspitzung erfährt: das Untier hält nicht einen reisenden, forschenden oder sonstwie gestrandeten Mann in der Hand, sondern *das* Wesen, welches dieser am meisten verehrt – – –: das Ziel seiner Reise? Die blonde Fay Wray ist allerdings keine verfolgte Unschuld, wie die abendländische Tradition Frauen so gerne sieht. Der Regisseur in ›King Kong‹ war auf sie aufmerksam geworden, weil sie als ertappte Ladendiebin so schön einen Schreckensschrei ausgestoßen hatte – – –

In einer von der Drehbuchautorin Ruth Rose geschriebenen Szene reißt das Monster der weißen Frau ihr Kleid in Fetzen vom Leib. –
Ruth Rose, mit einem der King-Kong Regisseure Ernst B. Schoedsack verheiratet, war früher selbst eine berühmte Striptease-Tänzerin – – – – – – So möchten es jedenfalls die Anhänger des King-Kong-Kultes.

Kennen Sie Kino? – Kinofreaks: ihre Gelehrsamkeit: Kolle-Rezepte; *die Ehefrau als Stripperin, der Geliebte als Riesen*(Junggesellen)*maschine* – – – sie selber: bloß Zuschauer.

Baudelaire, *Fusées*, 1851.
»*Der Liebesakt hat eine große Ähnlichkeit mit der Folter oder mit einem chirurgischen Eingriff.*«

»*Die Welt wird untergehen... Die Mechanik wird uns dermaßen amerikanisiert haben, der Fortschritt wird so gut jeden geistigen Anteil in uns verstümmelt haben, daß sogar von den blutrünstigen, gotteslästerlichen oder wider-natürlichen Traumgespinsten der Utopisten nichts sich mit seinen positiven Errungenschaften vergleichen lassen wird.*«

Frauen-Kunst

King Kong in Brobdingnag:

VALIE EXPORT 1968, bei ihrer Aktion »Hundigkeit«; der Hund ist Peter Weibel

Wie ein altmodisches Pferdefuhrwerk in einem Großstadtzentrum.
Der alte Riese/ (Herrscher?): *Mann* in der Sch(w)einwelt der Warenzirkulation heute, deren Grundlagen gelegt wurden, als er sich noch beschwingt Herr der neuen Welt fühlte – – auf dem Photo verläßt er den Zebrastreifen und reiht sich in den Verkehrsstrom ein; folgt einer neuen Weißen Frau – raus aus der Warenwelt – oder in ihr Herz?
Geldentwertung – Weltentwertung. Die Kunstform Happening rückt bei solchen Aktionen in die Nähe der barocken Allegorie. Wurde die Wirklichkeit der Erscheinung dort spielerisch-intellektuell zerstückelt und durch die Klammer des Begriffs zu anderen Gebilden zusammengesetzt, so geschieht das hier mit Bildern, Vorstellungen – in der »Wirklichkeit«.

›Ei, Großmutter, was hast du für große Augen!‹

Postkarte 1915

Marie von Ebner-Eschenbach

»Marie Ebner selbst hatte sehr schöne Augen. Sie waren grau, eigentlich mehr opalisierend, und ihr Ausdruck war die vollendetste Güte, mit weiblich-anmutiger Klugheit und einem Gran Schalkerei gepaart.«
Enrica von Handel-Mazetti, *Meine Beziehungen zu Marie Ebner (1903–1916). Einige Details.*

Eine andere Tiergeschichte der Freifrau Marie von Ebner-Eschenbach: *Die Spitzin:*
»Und ihr Auge hatte eine Sprache, beredter als jede Sprache, die die schönsten Worte bilden kann. Sie äußerte ein grenzenloses Vertrauen, eine flehentliche Bitte, und man mußte sie verstehen. Wie das Sonnenlicht durch die geschlossenen Lider Provis gedrungen war, so drang der Ausdruck dieses Auges durch den Panzer, der bisher jede gute Regung von der Seele des Buben ferngehalten hatte.« »Krambambuli«, aus dem Zyklus *Dorf- und Schloßgeschichten,* 1883–1886 fehlt in kaum einer Sammlung der ›schönsten Hundegeschichten‹, wie es immer so schön heißt; die Erzählung von dem Hund, der gegen zwölf Flaschen Danziger Kirschbranntwein seinen Herrn wechselt, dann in eine Mordgeschichte gerät, wird gewöhnlich gelesen als eine ›erschütternde Hundegeschichte‹ – – – –
Es ist aber auch eine Geschichte, in der die Ebner, nicht anders als Swift und die Autoren des »King Kong«, den Wachtraum vom Reich des Untergangs träumt; wie bei diesen ist er hier auch in einer gesellschaftlichen Wirklichkeit lokalisiert, der des ausgehenden Habsburgerreiches... *Da saß Gräfin X., dumme Mumie. Diese Rasse geht unter und gehe!* (eine Äußerung der Freifrau Ebner-Eschenbach) Ähnlich hat etwas später – im Deutschland der späten Gründerjahre – Panizza den Traum vom Untergang des Preußischen Reiches in die Hundeperspektive verlegt; er wird dafür mit jahrelanger Internierung in einer Irrenanstalt, Entmündigung usw. büßen. In seiner letzten datierten Aufzeichnung – er überlebte sie noch um 15 Jahre und ist erst 1921, achtundsechzigjährig, gestorben – hat er in Form einer Zeitungsmeldung vom 4. September 1906 notiert, »Wilhelm II. König von Preußen« und »Charlotte, Erbprin-

zessin von Meiningen« seien durch Erhängen vom Leben zum Tode befördert. Wilhelm sei stumm gestorben, wohingegen besagte Charlotte bis zum letzten Augenblick »Sau-Panizza« gerufen habe.*

Der Revierjäger Hopp wird Zeuge, wie sein vorgesetzter Oberförster eigenhändig zwei beim Lindenblütendiebstahl erwischte Frauen zerbläut und die ihnen helfenden Kinder quälen läßt. »In einer [der beiden Weiber] erkannte Hopp die leichtfertige Dirne, die das Gerücht als die Geliebte des ›Gelben‹ bezeichnete«. – Hopp selber behandelt aber seine Frau schlechter als den Hund, der ehemals dem jetzigen Wilddieb gehörte.

»Manchmal machte sie ihrem Manne Vorwürfe. Sie hatte den ganzen Tag, in jeder Stunde, in der sie nicht aufräumte, wusch oder kochte, schweigend gestrickt. Am Abend, nach dem Essen, wenn sie wieder zu stricken begann, hätte sie gern eins dazu geplaudert.

›Weißt denn immer nur dem Buli was zu erzählen, Hopp, und mir nie? Du verlernst vor lauter Sprechen mit dem Vieh das Sprechen mit dem Menschen.‹« –

– Eine doppelte Dreiecksgeschichte. Der Revierjäger und seine Frau, die beiden Männern, die sich mit Gewehren gegenüberstehen. Zwischen ihnen, als »Hure« – Krambambuli . . .**

---

* Zitiert im Nachwort von Hans Prescher zu: Oskar Panizza, *Das Liebeskonzil, Eine Himmelstragödie in fünf Aufzügen, und andere Schriften,* Neuwied und Darmstadt 1964, dem einzigen Buch Panizzas, das in neuer Zeit wieder ediert worden ist.

** Wie tragisch, wenn ein Hund den Mann besser versteht als die Geliebte oder die Frau. – In einer altfranzösischen Tristandichtung erkennt Isolde den als Narr verkleideten und mit verstellter Stimme redenden Unglücklichen nicht; sein zurückgelassener Lieblingsbracke Huden läßt sich nicht so täuschen. Seit Argos Odysseus empfing sind die Literatur-Hunde ihrem Herrn das einfach schuldig »*Niemals habe ich von einem Hund erzählen hören,* schreibt der Dichter der Oxforder Folie Tristan, *der mehr Freude gezeigt hätte, als es Huden seinem Herrn gegenüber tat.*«

Ein Ehebruch?

Zärtlicher Ringkampf. Zeichnung von Adolf Glattacker (1906) zu einer Geschichte aus dem »Schatzkästlein des Rheinischen Hausfreundes«: Der Landmann Machin und ein Un-Tier.

Für Kinder

Rusty nickte, er wußte nicht recht, was er mit dieser Helen Arlington anfangen sollte. Das Mädchen plauderte unbefangen weiter.

»Du hast da ja einen prächtigen Schäferhund! Wie heißt er denn? Gehört er dir?«

Rusty nickte stolz.

»Das ist Rin-Tin-Tin – der beste Hund im ganzen Westen.«

Helen Arlington sah ihn zweifelnd an.

»Das sagst du so sicher. Ist es denn auch wahr?« Ohne Rustys Antwort abzuwarten, fuhr sie fort: »Darf ich ihn streicheln? Beißt er?«

»Rin-Tin-Tin beißt dich nicht«, antwortete Rusty.
Rin-Tin-Tin legte einen Augenblick die Ohren mißtrauisch zurück, als das Mädchen furchtlos auf ihn zukam und ihm den schönen Kopf streichelte. Rin-Tin-Tin erging es gewissermaßen genauso wie seinem jungen Herrn – auch er hatte nur selten ein Mädchen gesehen und wußte nicht recht, was er mit dem eigenartigen Wesen anfangen sollte. Dann aber wurde er mit einemmal zutraulich. Die sanfte Stimme und die leichte Liebkosung schienen ihm zu gefallen. Als ihn Helen Arlington dann hinter dem Ohr kraulte, schloß er die Augen.

George Giersen, Rin-Tin-Tin, 5 / Mit Rusty in den weißen Bergen. Engelbert Fernseh Jugendbücher. Aus dem Amerikanischen von Hansheinz Werner.

Die Rückverwandlung des Mannes

Kriechende Gefälligkeit, ein schales Loben, wo nichts zu loben ist, sinnlose Titular- und Bücklingsschmeicheleien, die alle gerade Anrede der Menschen und Stände gegen einander aufheben, die Kanzleien ermüden, und den Geschäftsstyl nicht nur, sondern oft die gesunde Vernunft verderben, jene süßliche Hingabe, die man (man verzeihe der niedrigsten Sache einen niedrigen Ausdruck) kaum anders als deutsche *Hundsfötterei* nennen könnte, legen uns *treudevotest* zu Füßen der Majestät *Dullness.*

Johann Gottfried Herder's sämmtliche Werke. Zur schönen Litteratur und Kunst. Achtzehnter Theil. Stuttgart und Tübingen 1830. Früchte aus den sogenannt goldenen Zeiten des achtzehnten Jahrhunderts (1801–1805), hsg. von J. G. Müller.

Nancy Kitchel,
»Männer & Hunde«
(Detail), 1976

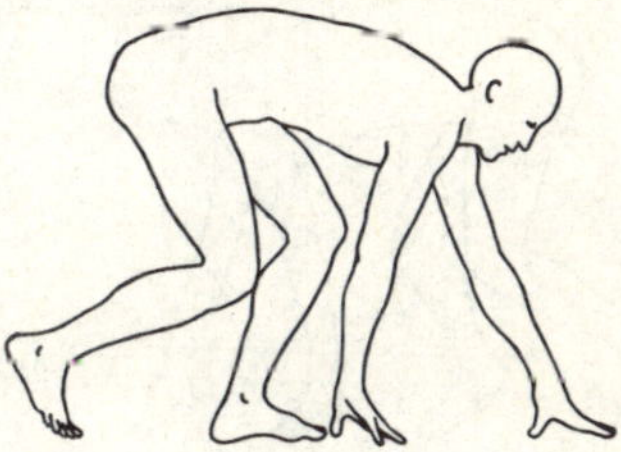

1. Den Herrn ausmachen/identifizieren.

Spiegeltiere

Ein schmutziger alter Mann

Mein bester Freund ist ein Hund

Groucho Marx, Memoiren eines räudigen Liebhabers – *Memoirs of a mangy Lover,* New York 1964:

Ein Mann in meiner Position (im Moment in der Horizontalen), der muß einfach merkwürdige Geschichten über sich hören. Zum Beispiel, vor ein paar Jahren ging das Gerücht, ich hätte mich wie ein Schwein benommen, als ich aus Sophia Lorens Slipper Champagner trank. Das ist reiner verleumderischer Unsinn. Ich geb ja zu, daß ich dies prickelige Zeug aus ihrem Slipper zu trinken versuchte, aber sie wollte ihren verdammten Schuh nicht vom Fuß nehmen. Deswegen trank ich es, als sie gerade nicht kuckte, aus ihrer Handtasche und wäre beinah zu Tode erstickt, als ich aus Versehen mit dem Alkohol ihren Lippenstift verschluckte.

Und jetzt sagt man, ich sei kein Hundeliebhaber. Kein Hundeliebhaber, na! Also, wenn ich einen Freund in der Welt habe, dann ist es diese große dänische Wuschelpuppe, Zsa-Zsa.

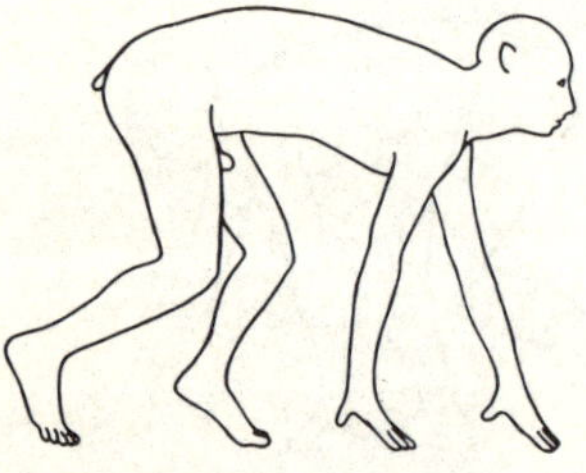

2. Eine Haltung der Unterwerfung annehmen.

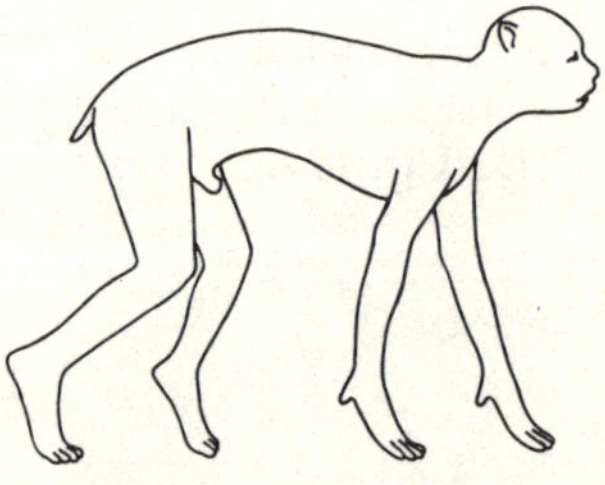

3. Lernen, Befehlen zu gehorchen.

Seit Jahren sind wir unzertrennlich. Der einzige Grund, weshalb sie nicht mitkam, als ich neulich nach New York, fuhr, sie hatte das Fahrgeld für den Bus nicht. New York, die ganze Zeit ohne Hund, ist ein sehr einsamer Ort. Wirklich einsam – wenn ich ein schönes Mädchen in der Hotelhalle sehe, mit einem Hund, dann kommen mir die Tränen und ich lade den Hund in die Bar zu einem Drink ein.
In den acht Jahren, wo wir zusammen sind, haben Zsa-Zsa und ich uns noch nie gestritten. Oh, manchmal beißt sie mich, aber wenn sie es tut, dann beiße ich sie gleich wieder. Ich bringe ihr bei, wer Herr im Hause ist.

In dem letzten Film der drei Clowns, *Love Happy* (1949) – den alle Welt blöd findet, die Marxe selbst schweigen ihn am liebsten tot – spielt der kleine schlaue Chico am Ende gegen einen riesigen Hund in Grouchos Büro Karten und verliert sogar sein Jackett an das Tier.

* * *

Groucho Marx spielt in *Love Happy* einen Privatdetektiv. Marilyn Monroe, ihr dritter Film, aber ihre erste richtige Rolle, raunt ihm zu: »Mr. Grunion, ich möchte, daß Sie mir helfen . . . irgendwelche Männer folgen mir.«

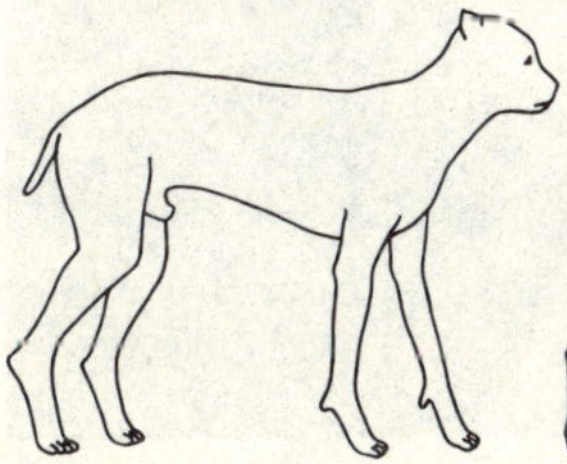

4. Wünschen, zu gefallen.

5. Die Ziele des Herrn verinnerlichen.

Groucho, private eye und M. M.: *Love Happy*

Phantasietiere

Einmal saß ich unter dem Tisch, während sie Karten spielten, und konnte nicht mehr heraus. Ich hatte dort unten geschlafen, und als ich erwachte, sah ich um mich acht Schuhe und acht Beine gestellt, die die Posten meines Geheges waren. Ich hockte mich auf und schlug mit dem Scheitel unter den Tisch, daß das Besteck in der Lade klirrte. Ich duckte mich und beobachtete mit der Nase die Gerüche der spielenden Männer, mit dem Gehör die Laute, die sie von sich stießen, und mit den Fingern die Saftflecken, die sie durch die Schenkel, indem sie diese spreizten, unter sich auf den Boden spien.

*Die Hornissen, 1966**

Zeichnung: Saul Steinberg.

---

* *Letzte Worte*
Wie ein Hund! sagte er, es war, als sollte die Scham ihn überleben.
Peter Handke, *Der Prozeß (Für Franz K.)*, 1965

Was Peter Handke schrieb, als er älter wurde. *(Der alltägliche Wahnsinn ringsum nimmt zu.)*

Falsche Bewegung: (Vorsicht bissiger Hund)
Der Alte: »Du sprichst vom Paradies, Wilhelm, und dabei, wie mir scheint, eher von einem animalischen als von einem menschlichen.«
Vorbeigehende Leute: Einer schlägt sich im Vorbeigehen die Faust an den Kopf. Der nächste kichert versonnen und macht zwischendrein einen Hüpfschritt. Eine still vor sich hin weinende Frau. Einer, der mit dem Finger in die Luft schreibt. Einer, der im Vorbeigehen heftig gestikuliert und etwas erklären will. Eine Frau mit einem sanften Augenaufschlag, den sie gerade lächelnd probt. Einer, der im Gehen plötzlich stehenbleibt, gedankenverloren die Hakken zusammenschlägt und weitergeht.
Wilhelm, der auf allen Vieren hinter ihm herläuft und ihn in die Waden beißt.
Der Mann macht sein Bein frei und geht davon, ohne sich umzusehen.
Venedig, Juli/August 1973; veröffentlicht 1975.

* * *

Ein Hundebeschwörer:
Herbert Achternbusch, *Die Stunde des Todes*, Roman, Frankfurt 1975:
Schon als ich mit der Schultasche auf dem Rücken von der Schule heimging und eine verbliebene Semmel essen wollte und ein semmelfarbener Pinscher zwischen den Feldern auftauchte und mir die Semmel wegschnappte und ich mich vor Wut und Hunger auf den Boden warf,*

---

* »Alle Pinscher sind äußerst temperamentvolle, manchmal streitbare und nervöse Hunde.« (Brehms Tierleben, Ausgabe 1974)

die Besinnung verlor und der Große Geist sagte, daß ich mich erheben soll, weil ich jetzt Kuschwarda heiße, nannte ich mich im Geheimen Kuschwarda. Wenn ich am Dienstag in die Schulmesse mußte und also vor sieben am Greil vorbeimußte, wo der schwarze Nero erst um sieben an die Kette gelegt wurde, brauchte ich bloß »Kuschwarda!« zu sagen und der bissige Köter legte sich auf den Rücken wie ein junger Hund.

Letztlich ein künstlerischer Mensch

*»Kein Zweifel, Erhard ist letztlich ein künstlerischer Mensch.«**

Ludwig Erhard, von 1963 bis 1966 (zweiter) Kanzler der Bundesrepublik, von seinen Anhängern »Lulu« genannt, Vater eines Wunders..., dem man allerdings vorwarf, ihm fehle »das *Gespür* für die Macht, ohne das ein Politiker nicht bestehen kann«, sagte, Intellektuelle seien »kleine Pinscher...«
War er etwa kein – Intellektueller?
Als Bub hatte er Karl May gelesen, den Vater von der Idealgestalt des Old Shatterhand, jetzt befaßte er sich plötzlich mit Karl Marx, dem Vater jener Gesellschafts-, Wirtschafts- und Staatstheorie, die innerhalb der Systeme des Sozialismus als wissenschaftlicher Sozialismus im Gegensatz zum utopischen auftrat, und Robert Malthus und vielen, die vor ihm waren oder nach ihm kamen.

---

* Dr. Wolfram Lange, Staatssekretär a. D., im *Handelsblatt*, 4./5. Februar 1977

Diktatur in Anführungszeichen

1969, in einer Rede vor Vertretern der brasilianischen Militärdiktatur:

»Eine Diktatur kann sehr wohl von hohem moralischen Bewußtsein erfüllt sein. Die Währungsreform z. B., die in Deutschland so erfolgreich, aber auch mit so viel Härte durchgeführt wurde, hätte sich kaum in einem parlamentarischen System durchführen lassen. Es war die Diktatur der Besatzungsmächte – und ich gebrauche diesen Ausdruck in Anführungszeichen –, die über genügend Machtmittel verfügte, um das Notwendige zu tun.«

*

Posthume Inflation: Nach seinem Tod kosteten solche Postkarten bei Woolworth DM 2.25.

Oben und unten in der Weimarer Klassik

Bei einer frohen Abendtafel 1799, im Gasthof zum »Hofjäger«, entschlüpfte einem der Anwesenden, der auch Schriftsteller war, aber die Unart hatte, in frohen Gesellschaften häufig alle Sarkasmen, die ihm einfielen, gerade herauszusagen, der Einfall: »Weimar scheine ihm, in literarischer Hinsicht, ein großes Raupennest, über dem nur einige schöne Schmetterlinge flatterten, der Atlasvogel Wieland, der majestätische Riesen-Trauermantel Herder, der prächtige Schillervogel, das Pfauenauge Goethe, der C-Vogel Böttiger, der große Fuchs Bertuch. – Jena liefere die kritischen Schröter dazu. Voran summe der große Hirschkäfer Schütz.« – Lachen

---

Für Heimtierhalter: Gute Spielgefährten.

Pinscher und Schnauzer

Im Jahre 1895 wurde der Pinscher-Schnauzer-Klub gegründet, dessen Mitgliedern die Schaffung der uns jetzt so vertrauten Rassen zu verdanken ist, Riesenschnauzer, Deutscher Pinscher, Zwergschnauzer, Mittelschnauzer, Zwergpinscher und Affenpinscher werden von diesem Klub betreut. Es sind Hunde für jeden Zweck, für jede Wohnung, für jedes Temperament unter diesen Rassen.

Bekannt sind Schneid, Unbestechlichkeit und Temperament dieser Hunde. Sie sind Fremden gegenüber mißtrauisch, hervorragende Bewacher von Haus und Besitz, zuverlässige Begleithunde, ihrem Herrn und der Familie treu ergeben, den Kindern gute Spielgefährten. Alle Rassen sind nicht nur gute Wach- und Begleithunde, sondern hervorragende Mäuse- und Rattenfänger. Dies war einer der Gründe für ihre zahlreiche Haltung in früheren Zeiten, vor allem auf dem Lande, in Bäckereien und anderen Sammelpunkten der schädlichen Nager.

Alle Pinscher und Schnauzer sind sehr »pflegeleichte« Hunde. Während die kurzhaarigen Pinscher ein dichtes, glänzendes Haarkleid tragen, das außer regelmäßigem Bürsten keinerlei Pflege bedarf, müssen die Schnauzer fachgerecht getrimmt werden, um schön auszusehen. Getrimmtes Drahthaar ist das wohnungsfreundlichste, das sich denken läßt. Diese Hunde haaren nicht, sie tragen keinen Schmutz in die Wohnung und sind selbst am besten gegen Kälte und Hitze geschützt.

Horst Bielfeld

und Unwillen unterbrachen ihn, denn zwei Drittheile der Tafelnden bestanden aus Schriftstellern, von denen die meisten fühlen mochten, daß sie nicht flatterten. Ein 50jähriger Hofadvocat, mit breitem, weinrothem Angesichte, aber einem feinen, verständigem Kopfe, der als täglicher Gast präsidirte, vermittelte Alles, indem er die Gesundheit der literarischen Raupen trank, die ja alle Beruf und Hoffnung hätten, Schmetterlinge zu werden, und dann die Frage aufwarf, wieviel Schriftsteller wohl gerade jetzt in Weimar lebten? Man zählte und zählte und brachte in dem Städtchen von noch nicht 6000 Menschen 59 zusammen. »Schade«, rief Jemand, »daß nicht noch einer da ist, um das Schock voll zu machen!« – »Den kann ich liefern!« sagte der Hofadvocat. »Feiertag!« rief er, und dienstwilligst lief der aufwartende Lohnbediente, der heute den alten, stattlichen »Schachschaber« unterstützte, mit einem leeren Teller herbei; aber der Hofadvocat hielt den seinigen, auf dem ein deliciöses Stück Rehrücken dampfte, mit beiden Händen fest, und –: »Wie heißt das Buch, das Sie geschrieben haben?« fragte der Hofadvocat. Mit seligverschämten Lächeln sagte der alte Bediente einen Titel her. Die ganze Gesellschaft brach in Lachen aus. Das fragliche Buch war die Beschreibung einer Hoffête auf dem Ettersberge aus dem Standpunkte eines bewundernden Lakaien.

Garlieb Merkel über Deutschland zur Schiller-Goethe-Zeit (1797 bis 1806). Nach des Verfassers gedruckten und handschriftlichen Aufzeichnungen zusammengestellt und mit einer biographischen Einleitung versehen von Julius Eckardt. Berlin 1887.

Vorstellung eines Intellektuellen

Der Denker, dessen Gedanken angeblich so frei sind, wird durch seine Abhängigkeit von Geldgebern wie ein Haushund an die Kette gebunden; um zu leben, muß er seinen Verstand den Machthabern leihen – – – –

Thomas Theodor Heine entwarf 1896 für die satirische Zeitschrift *Simplicissimus* ein Plakat, mit einer grimmigen Bulldogge, die sich von der Kette losgerissen hat. Im nächsten Jahr veränderte er sie in eine lachende Dogge, die wie ein Mops aussieht.

Gute Miene...

Satire im Obrigkeitsstaat: Die Mächtigen lachen sich angesichts des Aufruhrs der freien Geister das Herz aus dem Leibe; denen bleibt nichts übrig, als mitzulachen... Friedrich der Große, der selbst eine Schwäche für Windspiele hatte, nennt sich einmal ein gutes Postpferd, das unbekümmert um das Kläffen der Dorfköter seinen Weg geht.

Schlagt ihn tot, den Hund!
Es ist ein Rezensent.

Der Film »Mensch Biermann!« handelt von einem, der Angst hat, sich an das Gigantische zu verlieren, von einem, der um seine Privatheit kämpft (...). Wolf Biermann im Exil, das ist, wenn man so will, wie ein Hund, der den Fußtritt des Herrn mit dem Erstaunen und Erschrecken dessen registriert, der einfach nicht glauben kann, daß die Anhänglichkeit so schnöde abgegolten wird.« Aus einer Rezension im Feuilleton der Frankfurter Allgemeinen Zeitung, 25. April 1977.

Der Gedanke vom Menschen, der in ein Tier verwandelt wurde, ist in der politischen Propaganda oft benutzt*. In der Kirche von Amiens gibt es eine spätmittelalterliche Holzschnitzerei mit einem reumütig beichtenden Fuchs in Mönchgestalt, in Champeaux steht ein haariger Vierfüßler auf der Kanzel und predigt den Hennen (16. Jahrhundert).

In den zahlreichen Tierskulpturen und -bildern des Mittelalters kommen Hunde wie andere gewöhnliche (Haus)tiere selten um ihrer selbst willen vor – sie erscheinen etwa in Jagdszenen –, oft nur, um eine Komposition symmetrisch auszugleichen.

---

* Unter einem antiabsolutischen Flugblatt von 1717 mit der Abbildung einer schönen Frau mit Schweineschnauze, steht: »Dieses abscheuliche Monstrum befindet sich dermahlen auf ihrem Schloß; soll von hohem Adel seyn, und bis 300000 Gulden reich; sie verlangt sich mit gantzem Gewalt zu verheurathen, und ihrem erwarteten Liebsten, nach wohl abgelegter Prob gleich die helffte obiges Vermögens zu überlassen. Nun haben sich wahrhaftig schon einige eingefunden um sie zu umarmen, als sie aber dieses Ungeheuer gesehen, und auch über das auf sauische Modi reden hören, seynd sie eylighst zuruck gegangen und haben dieselbe Verlassen.«

Italienisches Flugblatt, 1585

Zur Geschichte der neueren Malerei:

James Thurber, zu dessen berühmtester Schöpfung der Thurber dog – auch Thurberhound genannt – zählt, erinnert sich: »Wenn ich eine Couch und zwei Leute auf einer Seite eines Bildes hatte und eine Stehlampe auf der anderen, dann tat ich den Hund in den Raum unter der Lampe als Gegengewicht ... Obwohl es zunächst nur ein Kunstgriff war, arbeitete ich ihn allmählich in die Zeichnungen ein als ein vernünftiges Wesen in einer verrückten Welt.«*

Dem Thurberhund, der einen Menschen anschaut, erscheint dieser so fremd, wie dem kolonialen weißen Auge ein schwarzer Mohr.

* Harvey Breit, »Mr. Thurber observes a serene birthday«, New York Times Magazine, 4. Dec. 1949, S. 17.

Die Erfahrung des Cartoonisten hatten europäische Maler am Ausgang der Renaissance vorweggenommen: in Murillos »Pastetenessern« ist der Hund schon fast so groß und strahlend wie die beiden Jungen aus dem Volk, doch handelt es sich hier noch um ein Genrebild, das in der Hierarchie der Gattungen ganz unten steht. Radikaler ist Rembrandts »Nachtwache« – Gruppenbildnis, Historiengemälde oder Allegorie?* – und vor allem »Die Hofdamen« von Velásquez, wo das ›hohe‹ Gruppenportrait des Königspaars mit Anhang zersetzt wird von dem im Vordergrund dösenden Hund. »Würde er fehlen, so würde das Bild seinen Halt verlieren und in seine Bestandteile zerfallen.« Das königliche Paar ist nur noch ein undeutlicher Reflex im Spiegel auf der Rückwand des Raumes. Neben dem Spiegel, eine halb geöffnete Tür, von draußen tritt eine fremde Gestalt ins

---

* Im Katalog des Rijksmuseums heißt das Bild zutreffend »Der Schützenaufmarsch der Kompagnie des Hauptmanns Frans Banning Cocq und seines Leutnants Willem van Ruytenburch, allgemein bekannt unter dem Namen *Die Nachtwache*«. Die Bürgerwehr, allen voran der *Kapitein* (Nr. 1), die die Arbeit in Auftrag gab und bezahlte (»je nach dem Platz, den jeder auf dem Bild einnahm«), war keine Streitmacht; ein Verein für Wohlhabende, der wie Männer-Kegel-Klubs und Faschingsgesellschaften später »in Geselligkeiten Genüge fand« – – – – Beziehungen von Hell-Dunkel, Vorn und Hinten drücken hier auch Machtverhältnisse aus. Aber das volle Licht – von Zeitgenossen wissen wir, daß es Sonnenlicht war – fällt nicht auf den Mann, der sich für den wichtigsten hielt, sondern auf seinen Leutnant, ganz in Gold-Gelb gekleidet... Zwei Mädchen – als Siegesgöttinnen? – sind ein heller Farbfleck mitten in den dunklen Tönen; vorne rechts verschafft sich ein kläffender Hund Platz: abgesehen von seinem Halsband das einzige nicht kostümierte Wesen. Zusammen mit zwei von der Forschung unidentifizierbaren = unnumerierten Spieß- und Lanzenträgern auf beiden Seiten im Hintergrund bildet er ein merkwürdiges Dreieck. Die drei sind gesichtslos, sie wenden das Gesicht weg oder es ist halb verdeckt, wie auch bei dem zweiten Mädchen (Nr. 8). Dabei ist der Hund das einzig Lebendige innerhalb dieser Gruppe im Aufbruch – – – –

Zimmer – – – – – der Hofmarschall schaut gleichgültig herein. *Das beunruhigende Fremde.**

SCHETSTEEKENING MET NUMMERING

1 Kapitein Frans Banning Cocq
2 Luitenant Willem van Ruytenburch
3 Sergeant Rombout Kemp
4 Sergeant Reijnier Engelen
5 Vaandrig Jan Visscher
6 Schietende schutter (achter no 1 en 2)
7 Meisje met de kip
8 Meisje in groene zij (achter no 7)
9 In rood gekleede schutter
10 Jongen met den kruithoorn
11 Schutter in gesprek met no 12
12 Oudste schutter
13 Schutter achter vaandel links
14 Jonge schutter
15 Zelfportret
16 Schutter met hoogen hoed
17 Schutter, links van no 16
18 Jongleerende schutter
19 Schutter met afwerend gebaar
20 Volgzame schutter in rood
21 Schutter Jacob Dircksen de Roy
22 Schutter achter uitgestrekten arm van no 3
23 Schutter in gesprek met Kemp
24 Tambour

---

* Thomas Mann, gebildet, anspruchsvoll-ironisch, hatte es noch mit mythologischem Blick gebannt: sein Bauschan mußte ihm, wie wir sahen, sogar als Sphinx Modell sitzen.
»Beschwörung will das negative Gegenbild der Schöpfung sein«, schreibt Benjamin in seinem Aufsatz über die *Wahlverwandtschaften*. – Was die Prätention der neuen deutschen Kultur-Film-Schöpfer angeht, Wenders, Herzog – – die, wie sie sagen, den Mythos wieder in »Schauburgen« und »Film-Paläste« bringen wollen: *das macht sie für uns lächerlich und verschroben.*

Im Einleitungskapitel seines Buches *Les mots et les choses* (»Die Wörter und die Sachen«) hat Michel Foucault ausführlich das *Unheimliche* in Velásquez' Bild *Las Meninas* beschrieben. Dem französischen Original ist am Ende auch eine Reproduktion des Gemäldes auf einer ausklappbaren Kunstdruckseite beigefügt – in der Suhrkamp-Ausgabe ist sie in einer schlechteren Wiedergabe an den Anfang des ersten Kapitels gestellt: als sei dies Kapitel eine Bildbeschreibung, – dabei muß man während der ganzen Lektüre das Bild daneben liegen haben – – –

Foucaults brillanter Analyse zufolge bilden die Figuren des Bildes ein X, im Mittelpunkt die Infantin, an den beiden oberen Eckpunkten ist der Blick des Malers und der des hereintretenden Höflings, der wiederum – im Profil sichtbar – mit dem unten rechts am Fenster stehenden Zwerg korrespondiert, der seinen Fuß auf den Hund ganz vorne stützt. Dieser liegt im Vordergrund, auf den das Durcheinander der Blickrichtungen der neun abgebildeten Personen irgendwie verweist (was vorn auf der Szene sein muß; wird im Hintergrund undeutlich *gespiegelt* – –); von dem unbeweglichen Bild, das vor uns auf der Leinwand entsteht, sehen wir nur die Rückseite: der einzige, der dies Bild nicht sehen kann ist der ausgestreckt daliegende Hund, »das einzige Element des Bildes, das weder schaut noch sich bewegt, weil er mit seinen starken Umrissen und dem Licht, das auf seinen seidigen Haaren spielt, nur dazu geschaffen ist, ein Objekt zu sein, das man betrachtet.«

Luis Buñuel äußerte einmal in einem Gespräch, er habe sich bei dem Titel seines Films *Ein andalusischer Hund* von diesem Bild inspirieren lassen.

Spiegeltiere

In einem Band der *Erbaulichen und merkwürdigen Briefe,* die in Paris in der ersten Hälfte des 18. Jahrhunderts erschienen, entwirft Pater Zallinger, von der Gesellschaft Jesu, eine Untersuchung über die Illusionen und Irrtümer des gemeinen Volkes von Kanton; in einer Vorbemerkung hatte er geschrieben, der FISCH wäre ein flüchtiges und glänzendes Wesen, das niemand berührt hätte, viele aber behaupteten, es auf dem Grunde der Spiegel gesehen zu haben. Pater Zallinger starb 1736 und die von seiner Feder begonnene Arbeit blieb unvollendet: Hundertundfünfzig Jahre später nahm Herbert Allen Giles das unterbrochene Werk wieder auf.

Nach Giles ist der Glaube an den FISCH Teil eines viel umfassenderen Mythos, der sich auf die legendäre Epoche des GELBEN KAISERS bezieht.

In jener Zeit waren die Welt der Spiegel und die Welt der Menschen nicht wie jetzt ohne Verbindung. Sie waren außerdem grundverschieden; weder die Wesen noch die Farben noch die Formen stimmten überein. Beide Reiche, das reflektierende und das menschliche, lebten in Frieden, man ging durch die Spiegel ein und aus. Eines Nachts erfolgte der Einmarsch des Spiegelvolks auf die Erde. Seine Kraft war groß, aber nach blutigen Schlachten behielten die magischen Kräfte des GELBEN KAISERS die Oberhand. Dieser jagte die Invasoren zurück, schloß sie in die Spiegel ein und legte ihnen auf, wie in einer Art Traum alle Handlungen der Menschen zu wiederholen. Er nahm ihnen ihre Kraft und ihre Gestalt und reduzierte sie auf bloße dienende Reflexe. Doch eines Tages werden sie diese zauberhafte Lethargie abschütteln.

Der erste, der erwacht, wird der FISCH sein. Auf dem Grunde des Spiegels werden wir eine sehr feine Linie bemerken, und die Farbe dieser Linie wird keiner anderen ähneln. Dann werden die anderen Formen erwachen. Allmählich werden sie sich von uns unterscheiden, allmählich werden sie uns nicht mehr nachmachen. Sie werden die Grenzen aus Glas oder Metall zerbrechen und dieses Mal wird man sie nicht besiegen. Vereint mit den Geschöpfen der Spiegel werden die Geschöpfe des Wassers kämpfen.
In Yun-nan spricht man nicht vom FISCH, sondern vom TIGER der SPIEGEL. Gewisse Leute meinen, daß wir vor ihrem Einmarsch vom Grunde der Spiegel her den Lärm der Waffen hören werden.

Jorge Luis Borges und Margarita Guerrero, *Handbuch der fantastischen Zoologie,* México 1957

Abbildung auf einem Flugblatt, 1599; ein Fisch, der am 2. Februar bei Gottdorf in Holstein geangelt und dem Domdechanten von Lübeck zugeschickt wurde. Der Begleittext erklärt das Bild als Zeichen für ein drohendes göttliches Weltgericht.

Edwige Feuillière (Caroline Cunati) in dem Film »La Duchesse de Langeais« (1942).

Eine unbekanntere Fassung von Schneewitchen:
Im Wald in einer Höhle wohnen sieben Zwerge, die tödten jedes Mädchen, das sich ihnen naht. Das weiß die Königin, und weil sie Sneewitchen nicht geradezu ermorden will, hofft sie es dadurch los zu werden, daß sie es hinaus vor die Höhle führt und zu ihm sagt ›geh da hinein und wart bis ich wieder komme‹. Dann geht sie fort, Sneewitchen aber getrost in die Höhle. Die Zwerge kommen und wollen es anfangs tödten, weil es aber so schön ist, lassen sie es leben und sagen es solle ihnen dafür den Haushalt führen. Sneewitchen hatte aber einen Hund, der hieß Spiegel, wie es nun fort ist, liegt der traurig im Schloß. Die Königin fragt ihn

›Spiegel unter der Bank,
sieh in dieses Land, sieh in jenes Land:
wer ist die schönste in Engelland?‹

Der Hund antwortet ›Sneewitchen ist schöner bei seinen sieben Zwergen als die Frau Königin mit ihren drei Töchtern‹. Da merkt sie, daß es noch lebt und – – –
(Kinder und Hausmärchen gesammelt durch die Brüder Grimm. Siebente Auflage, Göttingen 1857)

Befreiung und Verhexung der Sinne

Elaine Morgan, The Descent of Women – Der Mythos vom schwachen Geschlecht. Wie Frauen wurden, was sie sind, Düsseldorf 1972:
Bei vielen Säugetierarten ist ein großer Teil des Gehirns ausschließlich mit der Analysierung und Interpretation von Geruchssignalen beschäftigt. Homo Sapiens hat eine starke Neigung, ihre Feinheit und Leistungsfähigkeit zu unterschätzen, weil wir alle unter einer schweren körper-

»Die Hexen haben rothe Augen und können nicht weit sehen, aber sie haben eine feine Witterung, wie die Thiere...« *(Hänsel und Gretel)* Zeichnung: Maurice Sendak, Diogenes Verlag, Zürich.

lichen Behinderung leiden: unsere Geruchsorgane haben für uns etwa den gleichen Nutzen wie für den Maulwurf die Augen. Und bisher ist es keinem Wissenschaftler gelungen, uns mit einer Riechhilfe zu versorgen. G.K. Chestertons Hund gab einen betrübten Kommentar dazu ab:

Even the scent of roses
Is not what they supposes,
And goodness only knowses
The noselessness of Man.

(Die Übersetzer wagen es nicht, diese sprachlich so witzige Strophe als Gedicht wiederzugeben: Selbst der Duft der Rosen ist anders als sie glauben und nur der Himmel kennt des Menschen Nasenlosigkeit.)
Denn der Geruchssinn eines Hundes ist nicht zehnmal besser als der seines Herrn, nicht hundert- oder tausendmal, sondern weit eher eine Million mal.

Mohammed – auf vier Beinen

Ein Hund führt den Namen des Propheten
Delhi. In einer Zeitung der indischen Stadt Lucknow war eine kleine Anzeige erschienen, durch die ein gewisser Maganlal Schah seinen verlorenen Hund namens Mohammed suchte. Der Hund fand sich zwar, aber damit war für seinen Herrn der Fall noch nicht erledigt. Die Muselmanen Lucknows sahen in dem Umstand, daß ein Hund den Namen des Propheten führte, eine Lästerung schlimmster Art. Tausende von Moslems rotteten sich zusammen, in der Moschee gab es eine machtvolle Protestkundgebung und im Parlament erhitzten sich die Gemüter erneut über dem Fall. Maganlal Schah wurde schließlich wegen Verletzung der Gefühle der Öffentlichkeit verhaftet, aber gegen Kaution freigelassen. Er ließ die Kaution Kaution sein und floh mit seinem Hund in die Berge des unzugänglichen Nepal. Er ist der Meinung, daß man einen Hund nicht umbenennen könne, weil er auf einen neuen Namen nicht höre.

Die Macht der Phantasie

Herr Geh. Legationsrat Göthe hat Arbeitsschwierigkeiten.

Er wußte wovon er sprach, hatte er als Diener und Freund eines absolutistischen Fürsten doch teil an der Knechtung und Benutzung des Volkes; den Teufel, bevor er sich als Hund verwandelt, ließ er – noch im Himmelsprolog – die abfälligen Worte über den Menschen sagen:

Er nennt's Vernunft und braucht's allein,
Nur tierischer als jedes Tier zu sein.

Dem Bürgertum, das in *seinen Schriften* bald den Schein des Himmellichts erblicken wollte, wurde das dann zur Trostformel, »... selbst Goethe ...«

Gegen den Auftritt eines Dresseurs mit gelehrten Hunden auf dem Weimarer Hoftheater legte er – ohne Erfolg – schärfsten Protest ein; an der Abrichtung von Menschen, Soldatenpressen, war er selbst beteiligt. Von der Rekrutenaushebung in Apolda machte er eine Zeichnung, »eine der seltenen vielfigurigen Zeichnungen Goethes« – – – ›säuerlichen Humor‹, ›Sarkasmus‹, ›etwas von Hogarthschem Humor‹ hat man darin sehen wollen .....

Abends nach der Arbeit versucht er an seiner *Iphigenie* zu schreiben, kommt damit nicht weiter: »es ist verflucht, der König von Tauris soll reden als wenn kein Strumpfwürker in Apolde hungerte.« (März 1779 an Charlotte von Stein) Ein Jahr später wird er, in Anerkennung seiner Dienste zum »würklichen geh. Rath« ernannt.

* * *

Verrat des Bürgertums an Aufklärung.
In einem Tympanon der Kathedrale von Vézelay sind zwei Gestalten mit Hundeköpfen, *Kynokephalen,* von denen man sagte, sie gehörten zu einem indischen Volk, sprächen zwar keine menschliche Sprache, seien aber sanft und friedlich. Die Theologen fragten sich, wie die Verbreitung des *Wortes* an den äußersten Rändern der bekannten Welt möglich sei – – – Später benutzte man solche Vorstellungen nur noch zur Propaganda im unterworfenen Volk.
Darstellungen von Hundemännern, verwandelte Männer mit Hundegesichtern waren im 17. und 18. Jahrhundert stark verbreitet, in Bild und Text: Warnung vor Sünde und Reklame der Macht. Für die Gelehrten der Neuzeit bildete die Existenz der wirklichen Monster ein metaphysisches Problem. Die einen fanden es skandalös, daß Gott einen von Anfang an monstruösen Samen geschaffen habe, das Gegenargument: man dürfe Gottes Allmacht nicht beschränken auf zu große Regelmäßigkeit . . .
Der naturwissenschaftliche Entdeckergeist des 17. Jahrhunderts interessierte sich für Kuriositäten, nicht wie das spätere Bürgertum aus Sammeleifer, bloßer Neugierde, sondern widmete sich ihnen aus wissenschaftlichem Interesse; Mißgeburten waren nicht einfach Absonderlichkeiten, sie regten zu Experimenten an; die Wißbegierde kannte keine Grenzen – – –
In der Zeit nach 1700 (als *Gullivers Reisen* entstehen), landete der europäische Entdecker in immer neuen Welten, die erstaunlich verschieden waren von den bisher gekannten menschlichen Maßen und Vorstellungen.
Wie die medizinische Wissenschaft das Problem der Monster löste. Der englische Arzt John Maubray, eine

Berühmtheit, weil er 1723 in Holland einem Monster Geburtshilfe leistete; in seiner Schrift »Der Frauenarzt«, London 1724: an der Geburt von Monstern sei die ungezügelte weibliche Phantasie schuld, während der Schwangerschaft dächten sie zu viel an etwas anderes – – –

Kopf-Kontrolle Es könne aber auch am Mann liegen, der beim Zeugungsakt leichtsinnig an ein Kalb, Lamm, eine Katze oder einen Hund gedacht hätte: das führe zu Menschen mit entsprechenden Tierköpfen.
Das gleiche wollte man auch für Tiere herausgefunden haben; wenn ein Ziegenbock bei der Begattung zufällig auf einen Seehund blickt, so gibt das eine junge Ziege mit Seehundskopf etc.*

---

* *Hunde, die nicht anders können, als im Augenblick der Zeugung Menschen zu Gesicht zu kriegen (Ein Porno).*
I. In der Regel wird der Hündinnenbesitzer mit seinem Tier nach vorheriger gegenseitiger Verständigung den Deckrüdenbesitzer aufsuchen. Dies geschieht, je nach Umständen und Entfernung, entweder zu Fuß, per Velo, Auto oder Bahn, ausnahmsweise sogar per Flugzeug. II. Um die Voraussetzungen für einen möglichst günstigen Deckakt zu gewährleisten, muß aber der Hündinnenbesitzer seine Hündin genau kennen. Er muß wissen, ob sein Tier die Eisenbahnfahrt oder das Autofahren ohne zu erbrechen gut überstehen kann, da ein Unwohlsein oder sonst ein krankhafter Zustand einem erfolgreichen Deckakt nicht förderlich ist. Dies dürfte jedem Kynologen verständlich sein und es ist überflüssig, sich darüber in Einzelheiten zu verlieren. In einem Wort, die Hündin soll sich absolut gesund und in voller Lebensfreude beim Deckrüden präsentieren, was man natürlich auch vom Partner verlangen muß. III. Daß beiden Tieren vor dem Deckakt noch Gelegenheit geboten wird, sich zu »entleeren«, setzen wir als selbstverständlich voraus. IV. Da wir wissen, daß jede Hündin während der Hitze mehr oder weniger unberechenbar ist, empfehlen wir auf alle Fälle, den Deckakt in einem geschlossenen Raum vorzunehmen, um alle Eventualitäten von vornherein auszuschalten. V. Und nun zum Deckakt selbst. Der Hündinnenbesitzer fiebert um sein Tier, denn er fragt sich, ob er doch wohl den richtigen Tag für das Belegen gewählt habe. Der Deckrüdenbesitzer, der ja in der Regel in dieser Materie ein Routinier ist, wird vorerst das »Schloß« der

Hündin einer kurzen Expertise unterziehen und weiß dann schon mit 90% Sicherheit, ob der Deckakt gelingen wird. VI. Im Zweifelsfalle wird er ein Tellerchen Öl [Speiseöl] bereit machen, um hiervon der Hündin ein wenig ins »Schloß« einzuführen. VII. Nun werden die beiden Tiere freigelassen. Ein kurzes gegenseitiges Abtasten beginnt, und schon jagt der Rüde mit feurigem Temperament die Hündin umher, beschnuppert sie, macht einige Steigversuche, die Hündin »beißt« ihn noch ab ... VIII. – aber jetzt »steht« sie, der Rüde drängt blitzartig nach, steigt, führt ein und »verhängt«. Der Deckakt ist gelungen. IX. In der Regel wird der Rüde »abgedreht«, das heißt mit der Hündin genau in eine Linie gebracht, und durch die beiden Hundebesitzer nunmehr am Halsband ruhig gehalten. Das sogenannte »Verhängen« dauert ca. 10 bis 40 Minuten und wird vom Deckrüdenbesitzer genau kontrolliert. X. Sobald der Rüde »aushängt«, d.h. wenn der Deckakt beendet ist, soll der Hündinnenbesitzer sein Tier sofort an die Leine nehmen und während ca. 5 Minuten mit ihr in einem schnellen Schritt spazieren, damit sie nicht den eingeführten Samen »ausleert«, um einen Fachausdruck zu gebrauchen. XI. Alsdann ist die Deckbescheinigung sofort auszufüllen, gegenseitig zu unterzeichnen und die vereinbarte Decktaxe zu entrichten. XII. Der Hündinnenbesitzer ist verpflichtet, dem Deckrüdenbesitzer nach dem Wurfe das Resultat sofort mitzuteilen. XIII. Dies wäre eine kurze Illustration eines Deckaktes, der unter normalen Verhältnissen vorgenommen werden konnte. Beide Tiere waren gut disponiert.
Ferdinand Schmutz, Mein Hund. Was jeder Hundefreund von seinem vierbeinigen Kameraden wissen muß, Verlag Otto Walter, Olten 1954

There is no business like Show Biz

Es gibt Leute, die behaupten, das fehlende Glied (missing link) zwischen Mensch und Tier, wonach die Darwinsche Abstammungslehre vergeblich suchte, sei von den Schaustellern der Jahrmärkte vor hundert Jahren in den Haarmenschen präsentiert worden.

Adrian Jeftichew hatte am Ende des 19. Jahrhunderts bei den Schaulustigen großen Erfolg. Sein Sohn ist wahrscheinlich der später unter dem Namen ›Jo-Jo der Pudelmensch‹ bekannt gewordene Darsteller der gezähmten Natur im Bürger.

Underdog: Dialektik der Aufklärung?
In »Faust I« kommt der Teufel als Hund auf die Bühne, im 2. Teil nimmt er für seinen ersten Auftritt die Gestalt eines Narren an – – –
In dem Film *Der Wunderknabe* (The Patsy; eigentlich: jemand mit dem man alles machen kann) spielt Jerry Lewis wie sonst den Hotelboy Stanley, der am Anfang in ein Zimmer kommt, wo Showmanager, fünf Männer und eine Frau, ihn anstarren – – – Bedrängt, was er wöchentlich verdiene, zählt er auf: »Dann habe ich noch die Hunde, ich führe sie immer spazieren, das ist gar nicht so einfach, von Baum zu Baum...« Sie beschließen, ihn abzurichten (»Wir wollen Sie zum Star machen!« –)
Jerrys erster Auftritt in einer Fernseh-Show, mit Playback; seine Manager verfolgen die Sendung an ihrem Gerät: »Wer zum Teufel hat dem Kerl gesagt, daß er reden soll? Er soll so tun, als ob er singt, nicht sprechen...«
Sie schreiben ihm seine Texte. Jerry wiederholt: »Ich möchte mich sehr gerne vorstellen, aber ich kenne sie nicht...« Der Manager: »*Mich,* nicht *sie*!« Jerry verpaßt jeden Witz. Manager: »Wir machen etwas ganz anderes und fangen an mit dem Hund, der Autos nachlief... Nach vielen Proben kriegt er den Witz, den er schon kannte, doch noch hin.
Jerry auf einer kleinen Bühne (Generalprobe): »... gestern hat er eins gefangen, aber nur ein kleines, aber wir haben ja alle mal klein angefangen... A-ha-ha-ha, das war nur ein Witz... aber jetzt kommt noch einer: Morgen trete ich in der Ed Sullivan -Schau auf – – – meinen Hund nehme ich aber mit, es ist nämlich ein Chow-Chow ... da dachte ich...«
Jerry ist auf dem Wege, als Produkt eines sechsköpfigen Teams der größte Komiker Amerikas zu werden. Im letzten Moment verlieren diese aber das Vertrauen in ihr Werk, trennen sich brieflich von Jerry=Stanley Belt, die Karikatur des amerikanischen Traums: »Jetzt werd ich's denen zeigen!« Alle sind platt, der große Ed Sullivan hat sich köstlich amüsiert. Das »Film-Echo« am nächsten Tag: Ein Star wurde geboren!
Die Manager, fassungslos: »Er hat kein Wort von dem gesagt, was wir geschrieben haben!«

Jerry hat eine Pantomime improvisiert; eine echte, mit Verkleidungen *(Changements à vue)* wie in einer Pantomime des 19. Jahrhunderts; sie läßt nicht wie der auf Barrault/Marceau zurückgehende moderne Pantomimen-Kult weißgepuderte Pierrots im Scheinwerferkegel in imaginäre Käfige eingesperrt sein. –

Jean-Gaspard Deburau, dessen Bühnenfigur Pierrot (weißes Kostüm, schwarzes Kopfband) in den Jahren nach der für das Bürgertum »siegreich« ausgegangenen Revolution von 1830 das Proletariat repräsentierte, als dieses in Barrikadenkämpfen und Polizeirazzien gemordet wurde, war stumm, weil dem Volk in der gesellschaftlichen Wirklichkeit des 19. Jahrhunderts die Stimme genommen wurde: so war er Zeuge einer konkreten Unterdrückung ... Jerry Lewis ist der einzige heutige Pantomime, der Deburaus Wirkung auf die einzig mögliche Art fortsetzt, ohne Ansprüche auf Kunst, Weihe und Aura, mit denen Marcel Marceau [und seine Nachfolger] heute auftreten. In der Epoche der Charaktermasken braucht er sich kein Mehl mehr ins Gesicht zu schmieren, die Livree des Hotelpagen mit Firmenabzeichen genügt. »Man ruft ihn Stanley, und er reagiert auf diesen Namen, wie ein Tier oder der Untermensch, der er nach Meinung der Anderen sein könnte.« In »Hallo Page!« (The Bellboy) ist er als Stanley stumm, in seinen besten Augenblicken flötet er vor sich hin. Erst am Ende sagt er was – ein Reden, das ihm ein noch komischeres Ich verleiht – – – Warum hat er vorher nichts gesagt? »Weil niemand mich gefragt hat«, antwortet er, lieb wie Jerry ... »Stanley ist ein ständig Isolierter, sein Schweigen ist nur eine freiwillige Projektion seiner gestischen Stummheit. Er kann sprechen, aber er tut es nicht, denn seine Gesten sind verbindungslos, widersprüchlich, er rennt in alle Richtungen gleichzeitig, stößt überall an, wirft alles um, und zerstört alles woran er vorbeigeht.«

Er ist tatsächlich so schlecht, wie ihn seine Manager in »Der Wunderknabe« finden ... aber weil er das so perfekt macht, ist er der größte Komiker Amerikas und kriegt deshalb auch immer die schönsten Frauen seiner Filme, jedenfalls die, die er ›liebt‹.

Jerry Lewis über die Gag-Technik seiner Vorgänger: »Chaplin nahm ein Totgeborenes und gab ihm Leben, während Keaton vom Embryo ausging und technische und mechanische Wunder erschuf.«

– Und Jerry? Ist er *auf den Hund gekommen?* Eine Stimme aus Deutschland: Dr. Friedrich Brinkmann, Oberlehrer, *Die Metaphern. Studien über den Geist der modernen Sprachen,* I. Band. *Die Thierbilder der Sprache,* Bonn 1878: »Mag nun diese Redensart so, oder wie Manche wollen, anders entstanden sein: jeden Falls ist sie jetzt als eine allgemein verbreitete anzusehn, der eine Anschauung des Hundes zu Grunde liegen muß, und diese kann, so seltsam es auch auf den ersten Blick erscheinen mag, keine andere sein, als der Hund als Reitthier. Derselbe Begriff: herunterkommen, in schlechte Umstände gerathen, wird in mehreren Sprachen durch das Bild ausgedrückt: *vom Pferde* auf den *Esel* kommen. Dieses Bild kann nun weiter fortgesetzt werden durch das andere: *vom Esel auf den Hund* kommen, ober überhaupt auf den Hund kommen, mit hinzugedachtem Esel oder Pferde. So erscheint denn in diesem Bilde derselbe Begriff bis zum höchsten Grade gesteigert: dieses Bild ist gleichsam *der Superlativ* jenes Bildes. –«

In »Jerry, der Glückspilz« *(Hollywood or bust)* hat Jerry Lewis etwas vom Geheimnis seines Erfolgs verraten: auf einem *Stier* wäre er fast geritten, er rettet sich nur, weil er sich erinnert, wie die Toreros in den Filmen es machen, die er alle so gut kennt. Mit seinem riesigen Hund, den er für ein Gedicht bei einem Preisausschreiben für Hundekuchen gewonnen hat, reist er in einem Auto, das er und Dean Martin bei einer Verlosung gewonnen haben, zusammen mit Pat Crowley durch Amerika, nach *Hollywood* in die Paramount-Studios – – – – Ja, sein Hund wird tatsächlich zum Filmstar: am Schluß gibts eine Premierenfeier; noch vor Anita Ekberg macht er seinen Pfotenabdruck in die Autogrammbücher der Fans!

Es gibt ein Buch von Jerry Lewis, INSTRUCTION BOOK FOR BEING A PERSON (1963 im Selbstverlag); es enthält Maximen und Reflexionen über die Ideale der – amerikanischen oder jüdischen? – Gründerzeit, wie einfach und wie schön es doch wäre, wenn – – –

In seinen Filmen ist er dann aber mindestens so schlau wie Hegel in der »Phänomenologie des Geistes«: »– Der Heroismus des stummen Dienstes wird zum *Heroismus* der *Schmeichelei.* Diese sprechende Reflexion des Dienstes macht die geistige sich zersetzende Mitte aus und reflektiert nicht nur ihr eigenes Extrem in sich selbst, sondern auch das Extrem der allgemeinen Gewalt in dieses selbst zurück – – –« Mit Jerrys Worten:

Comedy

»Ich denke und handle mit visuellen Begriffen, wie es Chaplin tat, obwohl ich mich nicht mit ihm auf eine Stufe stelle. Wenn man die Komödie in visuellen Begriffen denkt, im Gegensatz zu verbalen Begriffen, hat das den Vorteil, daß es dem die Tür öffnet, was überhaupt nicht zusammenpaßt und damit dem Gelächter – – –« Der *unverwechselbare menschliche Endzweck des Komikers,* fügt Jerry Lewis in seinen Kalifornischen Vorlesungen hinzu, sei es, wenn er es dem großen starken Mann mal richtig gezeigt hätte – – – und er gebraucht dabei das Wort »bully«, von: *Bulle; »If the comic can berate and finally blow the bully out of the water, he has hitched himself to an identifiable human purpose.«*

Die Frau ging mit ihrem Kind so elegant in der Menge, als führe sie ihren Hund aus; und dann merkte ich, daß es wirklich ein Hund war (Peter Handke, 1977)

Die ersten Komiker des Kinos glaubten, nicht ohne Hunde auszukommen. Für die seelenlose Maschinerie, die im Laufe der Filmgeschichte die technisch reproduzierten Bilder zu richtigen Handlungen mit Menschen zusammenfügte, war man von Anfang an auf Tiere und besonders auf Hunde fixiert: sie sind seelenlos wie die Maschine und doch so gelehrig......

Charlie, arbeitslos, und Scraps, beide hungrig: A Dog's Life – ein Hundeleben 1918. Drehbuch, Regie, Hauptrolle: Charlie Chaplin.

Die Firma Warner Brothers mußte in den zwanziger Jahren Konkurs anmelden, blieb einige Monate geschlossen. »Ein deutscher Polizeihund namens Rin-Tin-Tin mußte kommen um ihnen aus den roten Zahlen zu helfen.« (Clyde Bruckman) Rin-Tin-Tin (geb. 1918) – amerikanische Weltkriegsbeute, wurde einer der grossen Stummfilmstars, drehte mehr als 40 Filme, verdiente wöchentlich 400 Dollar. Bis zu seinem Tod 1932 lebte er im eigenen Bungalow mit fünf Zimmern. Er hatte fünf Nachfolger, die seinen Namen benutzten.
Sein Ruhm wurde im Tonfilm von Lassie fortgesetzt, der eigentlich Pal hieß; er wurde durch den Film *Lassie come Home* zu einem Star (Hundehütte mit Air Conditioning, eigenes Grundstück, Frisör, Maniküre, schrecklich viel Geld, eine Frau und viele verlassene Geliebte – – –). Während der Dreharbeiten zu Pals erstem Film fiel seine weibliche kleine Partnerin aus; sie wurde ersetzt durch Elizabeth Taylor, deren Mutter, die englische Schauspielerin Sara Taylor mit ihr auf der Flucht vor dem *Blitzkrieg* nach Hollywood gekommen war.

Tom Drake, Lassie, Elizabeth Taylor in »Courage of Lassie«, einer Folge des ersten gemeinsamen Films. Lassies Sohn, Laddie verkörperte später die Rolle seines Vaters in den Fernsehserien.

Ähnlich wie im Film übernahmen Hunde auch in den Comics von Anfang an tragende oder zumindest Nebenrollen. Pluto, die Panzerknacker-Bande, Susi und Strolch bei Walt Disney, Idefix – der zu Asterix gehört, der Spitz von Witwe Bolte, viele, viele andere . . .

Little Jimmy von James Swinnerton, einer der beliebtesten amerikanischen Kinder-Comics (1949).

Oh, du Spitz, du Ungethüm!! –
Aber wart! ich komme ihm!!!

Wilhelm Busch, *Max und Moritz,* Erstfassung Anfang der 1860er Jahre

Das sind die Hauptpersonen in »Die Abenteuer von Tintin« (der Carlsen Verlag hat den deutschen Serientitel umbenannt in »Tim und Struppi«); die erste Folge der bis heute immer noch vom selben Verfasser, Hergé, d. i. Georges Rémy (R. G.), fortgeführten Reihe, erschien 1929 in einer katholischen Brüsseler Tageszeitung.

v. l. n. r.: Dupont, Dupond, Tintin, Professor Tournesol, Kapitän Haddock, Milou.

Hergé in einem Gespräch mit Jaques Marny, 1968:
»Haddock ist in seiner Beziehung zu Tintin ein wenig, was Sancho Pansa für Don Quijote ist. Dasselbe gilt für Milou: er hat immer beide Füße auf der Erde. Milou scheint zu seinem Herrn und Freund zu sagen: ›Bleib zu Hause, draußen ist es kalt!‹ Aber weder der Kapitän noch Milou denken ernsthaft daran, sich davon zu machen und Tintin zu verlassen.«

Buster Keaton, 26jährig: Er sieht jung aus, fühlt sich auch so, ist aber oft deprimiert. »Ich nahm mich dann beiseite«, sagt er und gebraucht einen Lieblingsausdruck, »stellte mir einige Fragen. ›Ich, ein großer Star?‹ Ich ein Glamour Boy? Ich fragte sogar meinen Polizeihund. ›Captain‹, sagte ich dann, ›was haben *wir* hier nur zu suchen?‹ Ich kriegte nie eine anständige Antwort von ihm. Er winselte, begann mit dem Schwanz zu wedeln, dann entschied er sich anders und machte mit dem Wedeln Schluß.« (*Keaton,* by Rudi Blesh, New York 1966, S. 169)

Jerry Lewis kommt privat in der Regel ohne Hunde aus (obwohl in seiner Luxusvilla in Hollywood bestimmt auch Hunde leben); er ist – als Hausdiener in seinen Filmen – schon in der *Rolle* des Hundes. In vielen seiner Filme spielt er den geistig oder sonstwie Zurückgebliebenen und so kann er sich alles erlauben, er hat von vornherein unsere Sympathien – – –. Der Hund ist in seinen Filmen deshalb auch nie wirklich ein Requisit, wie zum Beispiel bei den halbherzigen und langweiligen Schriftstellern aus der westdeutschen Nachkriegszeit.*

* Günter Grass, *Örtlich betäubt,* 1969; Flugblätter in Berlin, ein Warenhaus soll brennen, Brandstifter-Prozeß in Frankfurt – – – in Vietnam übergießen sich Mönche mit Benzin und zünden sich als stumme Protestaktion gegen die ausländischen Besatzer an – – – Bei Günter Grass will ein Oberschüler seinen Dackel verbrennen (»... die sollen kotzen, wenn Max brennt.«).

Der Schäferhund bei Grass, eine wissenschaftliche Untersuchung von Elfriede Stutz, 1970:

»Auf rund 300 von den fast 700 Seiten des Buches wird ein Hund oder werden mehrere Hunde erwähnt. Selten so, daß der Hund als Akteur einer Szene hervortritt; meistens streift ihn der Blick als den Begleiter oder als einen Statisten. Es kommen nacheinander vier Hunde eines Geschlechtes vor: *Perkun, Senta, Harras, Prinz-Pluto,* vielleicht noch ein fünfter namens *Hasso* bzw. *Pluto,* dessen Herkunft dunkel bleibt. Sie alle sind einander gleich, die beschreibenden Wendungen wiederholen sich daher formelhaft.«

In »Zu heiß gebadet« *(The Ladies' Man)* hat der Hund von Mrs. Wellenmelon, den Jerry immer füttern muß, ein Brüllen wie ein Löwe; schließlich geht wirklich ein Löwe durchs Zimmer. Alarm: Baby hat sich losgerissen! Jerry hat noch nichts gemerkt, er stolpert vor sich hin und murmelt: »Baby, dieser kleine, kleine, süße kleine Hund ...« Ende des Films.

* * *

Die Spaßmacher, Diener, Clowns – so gerne wären sie Löwen und bleiben doch nur Hunde ---

Rameaus Neffe von Diderot; als ihn seine reichen Gönner rausgeschmissen haben (»Lumpenhund, zieht Leine---«) Er sagt: »*Was für ein großer Hund ich bin!*« Er erniedrigte sich nicht genügend, wollte selbst eine Meinung haben, so hat er alles verloren. –

Erfolgreiche Unterhaltungsstars heute: Maria Schneider – führt im »Letzten Tango in Paris« den Grabstein des Schäferhundes Mustapha vor: »*Das war mein Freund, als ich klein war.*« Marlon Brando – »*Namen werden nicht genannt*«, hatte er bestimmt – gibt dann doch *einen* preis, den von seinem großen schwarzen Hund Dutchy (die deutsche Synchronfassung macht daraus eine ›Hündin‹, warum wohl?). Dutchy spielt eine Rolle in einer idyllischen Kindheitserinnerung. --- Hundestars.

Und unser Nobel-Preisträger: ein ausländischer Philosoph – der von dem Preis nur das Geld annahm – fährt hin, besucht sie, Entrüstung, vornehmes Schweigen. *Er* schreibt eine Satire, »Ignition-art« kommt wieder drin vor, und etwas Hündisches; im Zusammenhang mit einem schon überführten »Radikalsympathisanten«: »Bei jeder Gelegenheit murmelt er: ›Ich hab's wirklich gewußt, gewußt hab ich's‹, und spielt damit auf die Tatsache an, daß er seinerzeit einem Hund (ich glaube mich zu erinnern, daß es ein Boxer war), von dem er *wußte,* daß er einem Verwandten von Gudrun Ensslin gehörte, eine ganze Tüte voll saftiger Hammelknochen hingeworfen hat.«

(Heinrich Böll, *Berichte zur Gesinnungslage der Nation,* Köln 1975.)

Nobel-Preis, Bestseller-Listen... *oh God!* (das ist DOG rückwärts buchstabiert.)

Das öde Haus

Eine wahre Geschichte

Das große Fressen: Andréa Ferreol, einzige Überlebende, gibt den Hunden, die im Garten das Haus belagern, ganz am Schluß die restlichen Mengen Fleisch: eine stille Übernahme der Macht.

Werbestrategen haben es schnell gemerkt: das Haus in dem Menschen wohnten, ist leer; ihre Anzeigen wenden sich oft an »Sie und Ihren Hund«; so als könnte eine bestimmte Ware und ein günstig gestimmter Hund die Mumie Mensch wieder beleben – – – – Dafür gibt es unzählige Beispiele. Fast unbemerkt von der Öffentlichkeit blieb dagegen das auf der folgenden Seite abgebildete Ausstellungsplakat: es war wirklich auf Hundehöhe angebracht, genau wie die Bilder und Objekte. Ein Antes-Hundekopffüssler in Acryl, Salvadog Dalí und Vincent van Dog: Selbstportraits, ein Propellerhund (canis volubilis; mit wissenschaftlicher Expertise) u. v. a.; der Aufruf engagierter ›Künstler‹, bereits von namhaften Persönlichkeiten unterzeichnet, fehlte nicht: »Weg mit den Maulkörben! Verhindert die hemmungslose Ausbreitung menschlichen Nachwuchses!«

Illustration von Grandville zu einem Chanson von Béranger; Juni 1814: *Nach dem Sturz des Usurpators stellen die Rassehunde den Antrag, daß man ihnen allein wie früher freien Eintritt in die Gärten des Tuilerien-Schlosses gestattet, damit sie sich von den gemeinen Straßenkötern unterscheiden.*

DADA IST TOT
ES LEBE WAUWAU

Eine Ausstellung für Hunde

GALERIE PINAKOTEE

Oettingenstraße 30 · 8 München 22

6.7.-5.8.1977, Mo-Fr 10-18.30 Uhr

Wirklichkeit Die Welt, 27. März 1976

Sechs Hunde erben ein Haus mit Garten

AP, London. Ein Wohnhaus mit neun Räumen in einem idyllischen Vorort der englischen Stadt Caddington ist auf den Hund gekommen. Seit die früheren Besitzer der Villa, zwei alte, unverheiratete Schwestern, vor drei Jahren starben, gehören Haus und Grundstück sechs Chihuahuas und Yorkshire-Terriern.

In einer letzwilligen Verfügung hatten die beiden Erblasserinnen ihre 200 Meter entfernt wohnende verwitwete Schwester Evelyn Agar damit beauftragt, sich um das Wohlergehen der Hunde zu kümmern. Seitdem bringt die Frau den Vierbeinern täglich frisches Fleisch. In dem Haus ist seit dem Tode der früheren Besitzerinnen alles so geblieben, wie es vorher war.

... und vorgeschriebene Hundeträume

Drohendes Unheil

Er hat es kommen sehen:

Cervantes, *Lehrreiche Erzählungen;* »Gespräch zwischen Cipion und Berganza, den Hunden des Auferstehungshospitals, das da steht in der Stadt Valladolid, vor dem Campatore«:

Berganza. (...) Auch weiß ich, daß nächst dem Elefanten der Hund am meisten den Anschein erweckt, als hätte er Verstand; nach ihm kommt gleich das Pferd und zuletzt der Affe.

Cipion. So ist es. Du wirst aber wohl zugeben, daß du nie gesehen oder gehört hast, daß irgendein Elefant, Hund, Pferd oder Affe gesprochen hat; und hieraus ersehe ich, daß das Sprachvermögen, das uns so unerwartet zuteil wurde, zur Zahl jener Dinge gehört, die man Wunder nennt, und die dem Menschengeschlecht, wie es die Erfahrung bestätigt hat, so oft sie auftreten und sich zeigen, mit irgendeinem großen Unglück drohen.

* * *

Was im fantastischen Auszug lebte, reichte nur aus, um ins Irrenhaus zu bringen.

Nikolaj Gogol hat in seiner Geschichte »Das Tagebuch eines Wahnsinnigen« das Schicksal eines anderen Flaneurs geschildert; ein jämmerlicher Beamter, der es mit über 40 Jahren erst bis zum Titularrat gebracht hat; in einem altmodischen Mantel treibt er sich draußen herum, weil es sonst nichts zu tun gibt. Einmal sieht er, zu einer Zeit, wo sich nur einfaches Volk oder Schürzenjäger im Freien aufhalten, wie die Tochter seines Direktors auf dem Newskij-Prospekt aus einer Kutsche in einem Laden verschwindet, beobachtet, wie ihr Hündchen Maggy sich mit einem anderen Damenhund beschnüffelt

und hört, wie sie zu Fidèle sagt: »Ich war, wau wau wau! Ich war, wau wau wau! Sehr krank, wau wau!«
Der Tagebuchschreiber erinnert sich gleich, in den Zeitungen gelesen zu haben, von dem Fisch, der in England ans Ufer schwamm und zwei rätselhafte Worte sprach, von den zwei Kühen, die in London in einen Laden kamen und ein Pfund Tee verlangten––– Die Hunde erwähnen einen abgeschickten Brief, der nicht ankam. – »*Und wenn ich auf mein ganzes Gehalt verzichten müßte – noch nie im Leben habe ich gehört, daß ein Hund schreiben könne.*«
In den Tagebuchauszügen, die vom »3. Oktober« über den »43. April des Jahres 2000« bis zum »86. Märzemeber zwischen Tag und Nacht« gehen, stehen auch Abschriften aus Maggys Briefen. Als der Tagebuchschreiber aber feststellt, daß sich der kleine Hund über ihn lustig macht (er hat die Briefe aus dem Hundeversteck entwendet), da liest er lieber wieder die Zeitungen.*
»Vielleicht bin ich irgendein Graf und scheine nur ein Titularrat zu sein.« (Eintragung vom 3. 12.). Fünf Tage später: »Heute habe ich den ganzen Morgen Zeitungen gelesen, merkwürdige Dinge gehen in Spanien vor.«
Die tollsten Geschichten passieren immer in der Ferne. Der Held wird – wie könnte es anders sein? – zum Opfer seiner Lektüre ...
Gegen Ende der Geschichte geht er rein spaßeshalber noch mal ins Büro, unterzeichnet Akten mit »Ferdinand VIII.« – – er ist auf den leerstehenden spanischen Thron gekommen.
Natürlich endet die Geschichte im Irrenhaus – – – – –

* Eine Replik auf den Briefwechsel zweier Hunde erfolgte erst in unserer Zeit: der Brief eines Schriftstellers an seinen Hund. François Nourissier ist in der Hauptsache Journalist, Kritiker beim Nachrichten-

Titelbildzeichnung: Etienne Delessart, 1976.

---

magazin *Point* und ständiger Mitarbeiter beim *Figaro*. Sein *Brief an meinen Hund* ist 1975 auf französisch erschienen.

Auf dem Buchrücken der Taschenbuchausgabe steht, Polka, die 1966 geborene Dackelhündin habe den Brief ihres Herrn nie beantwortet. »Weniger als ein Jahr nach Erscheinen dieses Buches starb sie, an einem Dezemberabend, in den Armen ihres Begleiters.«

Wo Hunde nicht rein dürfen:

Die Eingangstür der Universitätsbibliothek, Freiburg im Breisgau (Mai 1977).

* * *

Wie die Hunde Eingang fanden ins Haus der Fiktion

Seit Louis Philippe findet man im Bürgertum das Bestreben, sich für die Spurlosigkeit des Privatlebens in der großen Stadt zu entschädigen. Das versucht es innerhalb seiner vier Wände. Es ist, als habe es seine Ehre darein gesetzt, die Spur, wenn schon nicht seiner Erdentage so doch seiner Gebrauchsartikel und *Requisiten in Äonen* nicht untergehen zu lassen. Unverdrossen nimmt es den Abdruck von einer Fülle von Gegenständen – – –

Zwei Terrakotta-Wohnzimmerhunde, aus der Sammlung von Sophie Desmarets.

Hör zu: Bei Bundespräsident Walter Scheel klappt eigentlich immer alles. Nur ›Vroni‹, die Terrierhündin der Familie Scheel, hält nichts von Perfektion. Als unser Kameramann sich ihr näherte, drehte sie ihm ihr Hinterteil zu und verschwand hinter den Büschen des Parkes. Bei Staatsempfängen bewegte sie sich gelangweilt zwischen den Motorrädern der Polizei-Eskorte. Sie ignorierte einfach unsere Aufgabe, die Arbeit des Bundespräsidialamtes für das Fernsehen zu dokumentieren. Dabei bot sie eine der wenigen Gelegenheiten, den Büroalltag dieser besonderen Behörde zu ›vermenschlichen‹.

Illustration zu Johann Peter Hebel, »Wie eine greuliche Geschichte durch einen gemeinen Metzgerhund ist an das Tageslicht gebracht worden«

Der Hund des ermordeten Metzgers, der noch eine Zeitlang mit dem Kameraden gelaufen war, witterte, während das Kind gebrüht und geschwind in den Backofen gesteckt wurde, die Spur seines Herrn wieder auf, schnauft an der Stalltüre, scharrt an der Haustüre und merkt, hier sei etwas Ungerades vorgefallen. Plötzlich springt er ins Dorf zurück und sucht den Kameraden. Aber der Künstler, so die Abbildung hierneben geschnitzt hat und kurz vorher durch jene Gegend gereist war, sagt: Nein, sondern der Hund sei zu dem Metzger im Dorf gelaufen, der auch ein guter Bekannter von seinem Herrn war und jetzt eben ein Kälbchen stach. Kurz, der Hund winselt und heult, zerrt den anderen Metzger am Rock, und der Metzger merkt auch etwas. Also begleitete er den Hund an das Haus und zweifelt nicht, daß hier etwas Erschreckliches vorgefallen sei. (Erstdruck 1810)

Variante eines Flaneurs
(Mitte des vorigen Jahrhunderts)

Aber bald wurden seine Einfälle bizarrer und es war manchmal schwierig sie zu entschuldigen. Denn sie verließen das Reich der Gedanken und schritten zur Aktion. Verständige Fürsorge wurde notwendig, zum großen Zorn Gérards, denn er begriff nicht, daß Ärzte sich um ihn kümmerten, weil er im Palais-Royal spazieren gegangen war, einen lebenden Hummer an einer blauen Schleife hinter sich herziehend. »Worin«, sagte er, »ist ein Hummer lächerlicher als ein Hund, eine Katze, eine Gazelle oder jedes andere Tier, das man sich folgen läßt? Ich mag Hummer, sie sind ruhig, ernsthaft, kennen die Geheimnisse des Meeres, bellen nicht und verschlingen nicht die Monade der Menschen wie die Hunde, die Goethe so unsympathisch waren*, der doch nun nicht wahnsinnig war.« Und tausend weitere Gründe, einer geistreicher als der andere. (Ein Freund in seinen Erinnerungen an Gérard de Nerval)

*

Walter Benjamin schreibt im »Flaneur«-Kapitel seines Baudelaire-Fragments zu einer Geschichte von Edgar Allan Poe, daß in ihr die früheste Schilderung des Flaneurs gleichzeitig die Figur seines Endes enthält.
Das gleiche läßt sich auch von Poes »Erzählung des Arthur Gordon Pym« sagen; es ist vielleicht die erste Geschichte, in der schönen Literatur, in der ein Tier eine

* *Epigramme. Venedig 1790*
»Wundern kann es mich nicht, daß Menschen die Hunde so lieben:
Denn ein erbärmlicher Schuft ist, wie der Mensch, so der Hund«

tragende Rolle hat; gleichzeitig verschwindet das reale Tier – ein Hund – allmählich völlig – – – und macht reinen Traumwesen, den unrealen Tieren der Arktis Platz.

Aus der letzten Tagebuchnotiz, bevor Pym in die ›Umarmungen des Kataraktes‹ hineinrauscht. – In der Übersetzung von Arno Schmidt:

22. März. Die Dunkelheit hatte beträchtlich zugenommen, gemildert nur vom Glanze der Wasser, den der Weiße Vorhang vor uns zurückwarf. So manche gigantisch= ∝ fahlweiße Vögel kamen fortwährend von Jenseits des Schleiers hervorgeflogen; und ihr Kreisch war das ewige *Tekelili-li!,* während sie sich aus unserm Gesichtskreis wieder entfernten.

* * *

»O Philatelie, Philatelie: du bist eine recht sonderbare Göttin, eine etwas verrückte Fee, und du bist es, die das Kind bei der Hand nimmt, das aus dem verzauberten Wald kommt, wo der kleine Däumling, der Blaue Vogel, das Rotkäppchen und der Wolf schließlich nebeneinander liegend, Seite an Seite, eingeschlafen sind.« (Louis Aragon, *Pariser Landleben*)

Walter Benjamin, der in Aragons Buch *am Werk sah,* was ihn selbst in den zwanziger Jahren beschäftigte – »*der Paysan de Paris, von dem ich des Abends – im Bett nie mehr als zwei bis drei Seiten lesen konnte, weil mein Herzklopfen dann so stark wurde, daß ich das Buch aus der Hand legen mußte – – –*«*;* an Theodor W. Adorno aus Paris am 31. 5. 1935 – schreibt in der *Einbahnstraße* im Abschnitt »Briefmarkenhandlung« von den Briefen, die lange uneröffnet blieben; sie bekommen etwas Brutales, sagt er; *sie sind Enterbte, die hämisch im stillen Rache für lange Leidenstage schmieden.* – – – Kultur Kuriosa?

Nachtrag über Tagebücher, mit einem Epilog

»Ja, also das wäre es.
Ich fühle, daß ich nichts mehr zu sagen habe.«
(Robert Grottet, *Negri.*
Tagebuch einer Katze, München 1977*)

»Aber – ich lasse mich wieder auf Abschweifungen ein, wie ich es so gerne tue.« (Negri, Epilog)

1.

Robert Bresson, *Prozeß der Jeanne d'Arc*
Die letzten Einstellungen:
Jeanne stößt einen Schrei aus: Jesus! und verschwindet im Rauch und in den Flammen.
Wenn das Feuer kleiner wird, sind alle noch erstarrt. Allein ein Hund geht durch die Menge, von der man nichts sieht. »Sie ist *da*. Man spürt sie«, hat Bresson gesagt – er wollte keinen historischen Kostümfilm =Theater machen – – –

* »Die Geschichte einer Ehe, einer Familie, mit den Augen der Katze Negri gesehen.« (Verlagswerbung)

Dann lassen sich Tauben auf dem Dach der Tribüne nieder und fliegen weg. An den Überresten des verkohlten und rauchenden Pfahls der sichtbar wird, ist die Kette, die Jeanne gefangen hielt, leer.

Trommelwirbel.

2.

Die *Allgemeine deutsche Bibliothek. Des siebzehnten Bandes zweytes Stück.* Berlin und Stettin 1772, zeigt eine Neuerscheinung an:

Geheimes Tagebuch von einem Beobachter seiner selbst. Leipzig, bey Weidemanns Erben und Reich, 1771, 264 Seiten, in gr. 8.

»Wir halten die Anmerkung für gegründet, die der Herausgeber dieses Tagebuchs in der Vorrede macht, daß das einförmige Leben eines rechtschaffnen Mannes, oder die Geschichte seiner Gesinnungen, Neigungen, Absichten, seines Verhaltens bey täglich vorkommenden Fällen, genau und nach der Wahrheit beschrieben, für diejenigen, die das menschliche Herz gerne kennen wollen, lehrreicher und selbst interessanter seyn könne, als die glänzendsten Auftritte des öffentlichen Lebens oder die verwickelten Begebenheiten eines Romans.«

August Friedrich Ernst Langbein's *Lebensgeschichte,* von Dr. Fr. Wilh. Goedike 1838.

Aus den unbedeutenden Gesprächen der sich einstellenden Besuche von Pfarrern, Jägern und Landwirthen konnte unser Freund gleichfalls keinen ersprießlichen Nutzen schöpfen, und dazu gesellte sich noch, daß sein erster Lehrer, der nachherige Rektor Gläser, nicht der Mann dazu war, um schlummernde Anlagen ans Licht zu fördern. Er lernte bei ihm Latein, ein wenig Geographie und eine recht gute Hand schreiben; von

Mittheilung höherer Kenntnisse aber, die den Geist selbstthätig beschäftigen, war keine Rede; .... Bei dieser eintönigen Lebensweise mußte der Entschluß unsers Langbeins, ein Tagebuch zu halten, bald ins Stocken gerathen, da er oft nichts weiter aufzuzeichnen wußte, als: »Herr Dr. Wagner (der Arzt, der täglich zu kommen pflegte), ist bei uns gewesen.« Besseren Fortgang hatte eine andere Beschäftigung. In Gemeinschaft mit seinen Schwestern verfertigte er Pappkästchen, von denen er dreißig Jahre nachher noch einige in Radeberg vorfand.

Ein Satz aus dem Tagebuch eines modernen Autors: »*Ist mein Herz denn nicht das menschliche Herz?*«

3.

Sein Pudel mußte immer mit eingeladen werden, sonst hätte er sich an keine kaiserliche Tafel gesetzt.

Es ist nicht überliefert, daß Jean Paul seine Frau oder eines seiner Kinder auf seinen Reisen mitgenommen hätte. Sein Hund war aber immer dabei, ganz gleich ob es der Spitz Alert gewesen ist, von dem sich die Damen sogar Haarlocken abschnitten, oder ob es der Pudel Ponto war, der im Frühjahr 1819 der Nachfolger des Erstgenannten wurde.

Als der kleine Emil Thibaud sich von Alert zum Andenken Haare abschneiden wollte, gestattete Jean Paul dieses und setzte dann hinzu: »Man liebt in Heidelberg sogar meinen Hund so sehr, als ob er einen Band zu meinen Werken geschrieben hätte.«

Epilog

All denen, die noch vom Menschen, von seiner Herrschaft, oder von seiner Befreiung sprechen wollen, all denen, die noch Fragen stellen, was der Mensch in seinem Wesen sei, all denen, die von ihm ausgehen wollen, um zur Wahrheit zu gelangen, all denen, die im Gegenteil jede Erkenntnis auf die Wahrheit des Menschen selbst zurückführen, all denen, die nicht formalisieren wollen, ohne zu anthropologisieren, die nicht mythologisieren wollen, ohne zu demystifizieren, die nicht denken wollen, ohne sogleich zu denken, daß es der Mensch ist, der denkt, all diesen Formen linker und linkischer Reflexion kann man nur ein philosophisches Lachen entgegensetzen – das heißt, für einen bestimmten Teil, stumm.

Michel Foucault, Les mots et les choses. Une archéologie des sciences humaines, Paris 1966 (dt.: Die Ordnung der Dinge. Eine Archäologie der Humanwissenschaften, Frankfurt 1971)

Der englische Pantomimendarsteller Charles Lauri als der Pudel in *Sindbad der Seefahrer,* Drury Lane-Theater, 1888.

Martin Langbein
29. Juli 1977

George Grosz, »Belebte Straßenszene«, ca. 1918. Die Zeichnung wirkt wie eine Studie zu seinem Ölbild »Widmung an Oskar Panizza« (140×110 cm, Staatsgalerie Stuttgart), datiert 1917/18.

Aus dem

Tagebuch eines Hundes

von

Oskar Panizza.

Leipzig.

Verlag von Wilhelm Friedrich

K. R. Hofbuchhandlung.

Durch den Verstand des Hundes besteht die Welt.

Zendavesta.

Der Hund ist ein Teil des Menschen selbst.

Brehm.

Der Hund ist notwendig zum Bestande der Gesellschaft des Menschenvereins.

Cuvier.

April.

Wurde heute an meinen neuen Herrn verkauft. Ich komme vom Lande. Seit gestern bin ich in der Stadt. Alles ist mir neu, und drängt sich in Form merkwürdiger Eindrücke auf. Ich kann sagen, seit gestern fühle ich, daß ich ein Hund bin. Ich denke. Früher that ich dies Alles unbewußt. Ich sehe, Denken ist eine Arbeit, die oft Schmerz bereitet. Was mich beunruhigt, ist, daß man sie nicht freiwillig verrichtet. Ich bin nicht mehr so glücklich wie früher, aber stolzer. — Daß die Menschen in kleinen Hüttchen beieinander wohnen, wußte ich aus meinem früheren Aufenthaltsort. Aber hier geht Alles ins Schauerliche, Steinerne, Unermeßliche. Ganze Aecker lang dehnen sich hier die Straßen, beiderseits mit wuchtigen, pfundigen Stein-Anlagen besetzt, die weit über die Baugeschicklichkeit des Dachses hinausgehen. Diese Stein-Anlagen sind mit Gucklöchern versehen, aus denen die Menschen oft blitzschnell den Kopf herausstrecken. Dabei kommt es vor, daß, während auf der einen Seite Einer einen Kopf herausstreckt, auf der andern Seite Jemand antwortet. Der Eine nimmt dann einen weißen Fetzen, und streckt ihn in kurzen, unbeholfenen Stößen zum Vis-à-vis hinüber. Die Person drüben steht erst lang steif und regungslos dort; dann hebt sich bei ihr die Oberlippe und die obere Reihe weißer Zähne wird sichtbar. Wozu? Was soll das dumme Zeug? — Wie die Häuser sind auch die Menschen hier von meinem früheren Aufenthaltsort sehr verschieden. Dort schlappte Alles ruhig gleichmäßig durcheinander, dieselben spitzen Gesichter, die gleiche meckernde Sprechmanier. Hier die entsetzlichsten Gegensätze; der Eine hüpft, der Andere scharrt; der Eine treibt das Hinterteil hinaus, der Andere die Brust nach vorn; Der wackelt, Jener zirpt; Dieser zeigt fortwährend Zunge und Zähne, Der dort stiert mit weißen Augäpfeln durch künstlich angeschnallte kleine

Guck-Fensterchen. Welcher Wirrwarr! Welche unübersehbare Verschiedenheit! Anfangs wollte ich mich nicht drum kümmern. Doch seh ich, ich muß. Ich muß diese ganze Bagage registrieren, einteilen, schablonieren. Einteilung der Menschenbagage! Wo fang ich nur an? Wo find ich das Allen gemeinsame Moment, um daran die Veränderungen anzuschließen? — Ich glaub, ich fang beim Hinterteil an.

April.

Viel herumgelaufen; bin schrecklich müde; sehne mich nach meinem Dorf zurück; dort, welcher reiche Verkehr mit der Natur. Hier, welche Eintönigkeit, welche graue mit Steinmauern verschlossene Welt. Dort ein riesiger Himmel, der jeden Tag anders gezeichnet, Baum, Wald, Misthaufen für unsere Nasen, Muh, Muh! und

Kikerikih! — Hier verbarrikadierte Welt und dazwischen herumhüpfendes Menschengeschlecht mit Gesticulation und Mundknarren. — Ich weiß noch immer nicht, wie die Leute sich verständigen. Zwar nähern sie sich oft gegenseitig die Köpfe und entblößen die obere Zahnreihe, aber die Nasen scheinen mir zu kurz, um nach unserer Weise sich sofort zu orientieren. Dagegen entstürzen ihren Mündern ein ganzes Geknarr von Geräuschen, förmliche Mundsalven, denen fleißige Gesticulationen hinterdrein folgen. Aber zu einem Verständniß scheinen sie nicht zu gelangen, da das Gequatsch stundenlang dauert, heftiger wird, von Stampfen, Rücken, Stoßen und Zunge-Herausstrecken begleitet wird, bis Beide gehetzt mit dampfenden Mündern von einander scheiden. Armes Geschlecht, das du die Luft zerhackst und dein Gesicht verschneidest, um auszudrücken, was du willst. — Ich starre nur immer die Häuser an. In meinem Dörfchen, da schaute Niemand zum Fenster heraus, als höchstens einmal eine Henne im Hof; die armen Menschen saßen in der Stube, zogen die Beine an und zitterten und froren. Hier steckt Alles langmächtig die Hälse aus den zahllosen Gucklöchern heraus, und reißt die Augen auf, daß das Weiße erscheint. Warum? Sie sehen ja doch nichts weiter als Ihresgleichen: Hunde — ich wollte sagen: Menschen. Diese Gucklöcher spielen hier überhaupt eine ganz andere Rolle; sie gehen ganz hoch hinauf bis an und sogar über den Dachstuhl. Und überall sieht man in ihnen die bekannten abgeschabten, mehligen Gesichter. Wie mir scheint, wollen sie aus der Höhe über die umliegenden Häuser hinweg die Erde — Wiese, Bäume und Wälder — sehen; versperren aber dadurch ihrem vis-à-vis die Aussicht. Dieses, ärgerlich, ewig in die langweilige Straße hinabzuschauen, baut noch höher und versperrt nun seinerseits dem Anderen den Ausblick, bis dieser sich entschließt, auf's Neue zu bauen. Wo soll das hinaus? Hier, scheint mir, liegt eine einseitige Manier und Halsstarrigkeit vor, die bei uns Hunden nicht vorkommt. Ich gedenke später überhaupt auf die Neigung der Menschen zu sprechen zu kommen, sich in möglichst großen Massen zu vereinigen, dachsartige Baue von immenser Höhe und abgekehrten Wänden zu errichten und sich dann gegenseitig zu ärgern. — Ich bin heute zu müde. — Mein neuer Herr ist ein Mensch mit einem Stock in der

Hand, der oben einen weißen blitzenden Knopf besitzt. Er benützt diesen Stock als Fuß oder Regulierstange, um den Gang zu mäßigen. Jeden Nachmittag nimmt er mich mit in einen unermeßlich-hohen, ringsum verschlossenen Raum,

der mit einem merkwürdig riechenden Dampf angefüllt ist und in dem eine Unsumme von schilpenden, klirrenden, kichernden, klappernden Geräuschen hervorgebracht wird: eine Art Geräuschfabrik. — Traf dort auch einige meiner Kameraden, die die Sache schon gewöhnt schienen. —

April.

Mein Herr benutzt den Stock mit dem glänzenden Knopfe nicht als Fuß- oder Regulierstange, um den Gang zu mäßigen, sondern um mich durchzuhauen.

April.

Heute war ein schrecklicher Regentag, ein Gepatsch, ein Getransch, ein Gespritz, was sich Alles hier in der Stadt anders, ich möchte sagen, unnatürlicher ausnimmt, als an meinem früheren Aufenthaltsort. Dort, hört man, sickert die Erde mit Wollust die weißen Himmelsschnüre, die unendlichen, in sich ein; ein meilenweites Geräusch voll stunden- und tagelanger Trauer; eine grandiose Werkstätte. Hier zwischen den Steinquadraten, Türmen und Häusern mit undurchlässigem Boden platscht der Regen herunter wie eine künstliche Gosse, wie aus einem an Stricken über die Stadt hinübergezogenen Wolkenfeld, das nicht hierher gehört. Und die Menschen waten herum und begreifen nicht, wie die Schweinerei daherkommt. — Ich bin ein kleiner Hund, und als ich heut wieder stundenlang hinter den keuchenden Menschenzügen hintranschte, kam mir wieder die alte Versuchung, diese merkwürdige Race näher anzusehen, sie zu prüfen, sie im Hinblick auf den Hund zu studieren. Und ich will mich ausstopfen lassen, wenn ich heute, begünstigt durch den Regen, nicht eine merkwürdige Entdeckung, ein famoses Einteilungsprincip zu Stande gebracht: Ein Unterschied fiel mir schon lange auf bei dieser Hüpf- und Schlenker-Race, daß bei den Einen der Körper in zwei stocksteife, baumdicke Röhren oder Säulen endet, mit denen sie höchst gezwungen, mühsam schlenkernd und zuckend sich vorwärts bewegen; während bei den Andern der Unterkörper in eine kegelförmige Abstumpfung endet, die ihnen aber trotzdem gestattet, ähnlich wie dem Igel, genügend vorwärts zu kommen. Vielleicht giebt es in dieser ganzen Stadt-Comödie noch

mehr Menschen-Variationen. Doch habe ich Alles bisher Gesehene auf diese zwei Haupttypen zurückführen können. Aber wie erstaunte ich heut, als ich — durch meine Kleinheit begünstigt — mitten unter dem Hin- und Hergetrapp bemerkte, daß auch die kegelförmig endenden Menschen unter diesem merkwürdig gewachsenen Fell ähnliche röhrenförmige — freilich wieder ganz anders geartete — aber doch bolzige, sich bewegende Beine haben. Und ich muß mich sehr täuschen, wenn die Zweiteilung des Körpers nicht sehr hoch hinauf geht. Welche Entdeckung! Welch merkwürdige Spielart hat hier die Natur hervorgebracht! Und

was hat sie sich dabei gedacht? Also diese voluminösen, unten dick geschwollenen Exemplare haben unter dieser Schwellung Beine! Ich konnte dies heute, wo Einige diesen kolossalen, glockenförmigen Bein-Ueberzug etwas lüfteten, mit aller Schärfe entdecken. Und während also den Einen die Natur gestattet, ihre Beine zu zeigen (und weiß Gott was für schraubenförmige Bewegungen damit zu machen!), gab sie den Andern die Fähigkeit, selbe in eine Art Körper-Glocke (denn dieser Ueberzug ist teilweise hohl) zu verstecken! Also Bein-Zeiger und Bein-Verstecker! Diese beiden Species sind sicher. Mögen Medusen- und Tintenfisch-Endigungen noch bei dieser höchst variablen Race vorkommen (in anderen Städten), die ich noch nicht gesehen. — Diese zwei sind sicher. Beinzeiger und Beinverstecker. Welche Entdeckung! Und was wird noch nachkommen! Mir taumelt der Kopf! —

Mein Herr ist ein Beinzeiger. Ein wunderlicher possierlicher Bursch. Ein selten beweglicher Exemplar. Durch die uns Hunden eingeimpfte Neigung immer einem Geruch nachzugehen — und durch die Not gezwungen einem Menschengeruch — sind wir unfreiwillige Zeugen aller der merkwürdigen Narrheiten

dieser hinkenden, schlappenden Race. Die Tollheiten meines Herrn grenzen schon ans Fabelhafte. Zahn-Entblößungen scheint er mit Vorliebe anzuwenden, und damit etwas Bestimmtes ausdrücken zu wollen. Gehen wir zusammen spazieren, so schaut er alle drei bis vier Schritte nach mir um, macht ein zupfendes Geräusch mit dem Mund, tatschelt mir dann auf den Rücken und entblößt die obere Zahnreihe. Weiß der Himmel, was er damit will! Sein Kopf besteht aus zwei Teilen, von denen er die

obere Hälfte häufig abnimmt, und mit einer starken Zahnentblößung gegen ein anderes Mitglied seiner Species wendet, welch letzteres aber keineswegs geneigt, diese Verrücktheit mitzumachen, oft nur eine kleine, rückende Bewegung an der entsprechenden Stelle macht, um anzudeuten, daß auch sein Kopf teilbar. Mir steht oft der Verstand still.

War heut wieder in jener Geräusch-Fabrik, wohin mich mein Herr jeden Nachmittag mit auffallender Regelmäßigkeit mitnimmt, und wo die meisten Besucher der Wand entlang auf Sammtbänken dicht gepfercht nebeneinander hocken, und eine schwarze häßliche Brühe sich in den Leib gießen, daß das Maul dampft. Kaum ist dies geschehen, so beginnt eine grauenhafte Masse von Mundgeräuschen; ganze Mundsalven brechen hervor; trillernde, klingende, zirpende, krähende Laute folgen sich in unsagbarer Schnelligkeit aufeinander, gemischt mit Zahn-Entblößungen, Kopfschnellungen, Nacken-Verdrehungen, Brustheraustreibungen. Es scheint, daß hier alle jene Mund-Geräusche geübt werden, die später auf der Straße eine so bedeutsame Rolle spielen.

Ein blauer Dunst, mit dem die ganze Geräusch-Fabrik erfüllt ist, und der artificiell erzeugt wird, erlaubt jeder Gruppe ihre gesonderte, von den nächsten Tischen nicht beobachtete Arbeit. — Worüber ich mir immer noch nicht klar bin, ist, ob dieses ganze tolle Zeug Verständigungs- oder Belustigungs-Versuche sind. Wenn es das Erstere ist, dann müssen diese Armen trotz aller Fertigkeiten ihrer Mundwerkzeuge enorme Schwierigkeiten zu überwältigen haben. Und ich kann es nur loben, was ich an anderen Tischen in dem gleichen Local gesehen, wo einige Beinzeiger beieinandersitzend Jedes mehrere gefärbte rechteckige, mit lustigen Figuren bedeckte, Blättchen in der Hand hatte, welche sie mit großer Vehemenz auf die Tischplatte hinschnellen, dabei ihr vis-à-vis mit weißherausgetriebenen Augen-Kugeln anstarrend; diese stumme Arbeit geht so einige Zeit zu, bis ein kolossaler Mund-Triller die verzweiflungsvolle Arbeit beschließt, und das Verständniß, wie es scheint, gegenseitig glücklich erreicht ist. —

Jeden Tag schaue ich mir genau die Menschen an, mit denen ich es für die nächste Zeit doch wahrscheinlich zu thun haben werde. Schließlich sind sie noch das Interessanteste, was einem hier aufstößt. Ueber was ich mich noch immer über alle Maaßen wundern muß, ist, daß ihnen, der durch ihre Häuser-Aufwürfe und Straßen-Ausschaufelungen scheinbar hochstehenden Species, die Begabung gegenseitiger Orientierung gänzlich abgeht. Ich meine die Möglichkeit, sich gegenseitig zu verstehen. Was soll dieses schreckliche Luft-Verpuffen in die Luft? Diese Zahn- und Schnalz-Geräusche? Diese vertrackten Gesticulationen? Welche mühselige Arbeit! — Sieht man zwei Hunden zu, die sich zufällig treffen und sich gegenseitig ausforschen, in wenigen Minuten ist Alles gethan. Wir wissen, er klagt über Frost, er hungert, er ist geschlagen worden, er hat eine weiche Seele, er ist trotzig, er ist mißtrauisch; der Hauch sagt uns Alles; seine Seele liegt offen vor unserer Nase. Nun betrachte man aber zwei Menschen! Ja, wer das nicht gesehen, dem werde ich kaum einen Begriff geben. Dieser Embarras! Dieser Aufwand von Geräuschen und Bewegungen! Meist, treffen sich zwei, nimmt der Eine ein

Stück seines Kopfes ab, um es nach einiger Zeit wieder zu replacieren. Der andere Theil beantwortet dies mit einigen kuriosen Zuckungen im mehlgelben Gesicht. Und nun geht es an. Da ihnen das feinste aller Orientirungs-Organe, die Nase, fast abgeht, — ein kleiner höckriger Vorsprung ist Alles, was sie davon besitzen, — so müssen sie zu Ersatz-Mitteln ihre Zuflucht nehmen. Zuckungen, Explosionen, Verrenkungen. Dies mitanzusehen, ist ein Schauspiel, wenn die Armseligkeit des Behelfs Einen nicht so traurig stimmen würde. Erst zwickt der Eine den Mund wie einen Knopf zu; der Andere, als Beantwortung, thut dasselbe, oder fügt noch einige mäckernde Falten rechts und links hinzu; darauf, wieder der Erste, reißt das Maul auf, daß man tief drinnen die roten Häute sieht; dann werden wieder die Zähne in ungeheuer kleinen Zwischenpausen aufeinandergeschlagen, und gleichzeitig ertönen aus der Tiefe schnurrende, pfeifende, schnatternde, flötende, piepsende Geräusche; reichliche Triller mithineingemischt. Wir bellen ja auch. Gut! Aber wenn wir bellen, wissen wir warum. Wir sind zornig, oder freudig, oder empfinden einen plötzlichen Schmerz. Und damit ist die Scala bald erschöpft. Aber diese Menschen-Species hat die variiertesten und modificiertesten Geräusche. Der Frosch, der Spatz, das Eichhorn, die Krähe, der

Storch und der Wolf zusammengenommen könnten nicht die Summe jener Laute aufbringen, die die Menschen nötig haben, um sich zu fragen: Wie geht's? Hast Du Hunger? — Ja, ich frage mich oft, ob alle diese Quatsch- und Fistel-Laute etwas zu bedeuten haben; ob diese Race trotz des kolossalen Aufwands schließlich weiß, was der Andere selbst denkt, und was er von ihm denkt! — Da kollert oft der Eine von ihnen mit aufgeblähten Backen und vorgetriebenen Augen ganze Rationen von Lauten heraus, förmliche Explosionen, gegen seinen Partner; dieser, als Antwort, lehnt sich zurück, und prustet gegen den Himmel hinauf im höchsten Discant gehaltene und blitzschnell vorgestoßene Laut-Triller, förmliche Salven, wobei er wohl die Hände kreuzweis über den Bauch legt. Fortwährend natürlich gehen nebenher reichliche Zuckungen, Gesticulationen, Schnalzlaute (auch durch die Nase). Schließlich nimmt der Eine wieder ein Stück vom Kopf ab, der Andere reckt das Hinterteil naus, — und dann trennen sie sich. — Ob die was von einander wissen? — Von der Beschaffenheit ihrer Seele? — Arme Species! —

April.

Eine merkwürdige Entdeckung gemacht! Abends schickt mich mein Herr immer mit einem Fußtritt unter's Bett. Damit ich seine Zaubereien und vermaledeiten Verwandlungskünste nicht entdecke, vermutlich. Aber wir sind schlau, vorsichtig und spürnasig. Nachts schlich ich vor. Es war so halbdunkel. Der Mond, unser gütiges Geschick, schaute von hoch oben herein. Was mußte ich sehen, oder vielmehr riechen! Auf dem Sofa lag, wie soll ich sagen, mein ausgeschlüpfter Herr; Beinrohre, zusammengeknickt; die Füße am Boden gestellt, anscheinend auch hohl, ohne Zusammenhang mit dem Uebrigen; Schultern und Taille und ein Teil des Kopfes auf dem Sofa zerstreut, verwurstelt, zerbrochen, ausgelaufen. Das Gesicht fehlte. Und im Bett? Ja, im Bett, vom Mond beleuchtet, lag die zergrinste Larve meines Herrn, aus einem kleinen weißen Haus herausschauend; gräulich; ich wußte gar nicht, welches mein Herr war; das zerknitterte Zeug am Sofa, oder das Käs-Gesicht im Bett. Können diese Kerle Zweiteilungen vornehmen? Wie die Schlangen? Welches unerhörte Geschlecht! —

Heute furchtbar schlechtes Wetter; es regnete fast den ganzen Tag; ich und mein Herr transchten stundenlang in den Straßen herum; Eigentümlich, Regenwetter in der Stadt ist doch wieder ganz anders als auf dem Land. Dort, auf meinem kleinen Dörfchen, bleibt Alles zu Haus; die Fenster werden geschlossen; im Zimmer entwickelt sich jene dumpfe, feucht-schwangere Luft, in der ich mich so wohl fühlte, und nach der ich mich so oft zurücksehne. Hier im Gegenteil reißt man die Fenster auf; die Menschen laufen zahlreich in der Straße herum, und Alles friert und zittert wie ein Hund. Merkwürdig ist, daß diejenigen Menschen, die ich auf früheren Blättern als Bein-Verstecker bezeichnet habe, bei solchem Wetter einen Teil ihrer Beine zeigen, indem sie die beweglichen, verschiebbaren Körperschichten in die Höhe heben. Und die Menschen, d. h. die eigentlichen Menschen, also diejenigen, die uns Hunden in besonderer Weise als Menschen imponieren, ich meine diejenigen, die vorzugsweise mit uns Hunden einen Contract eingehen, gegen eine miserable Kost ihnen auf

Schritt und Tritt zu folgen, also die Bein-Zeiger, also Leute, wie mein Herr einer ist, laufen dann in ziemlicher Menge hinter den Beinversteckern drein; wie mir scheint, um die seltene Gelegenheit zu benutzen, sich über Lage und Form der versteckten Glieder Aufklärung zu verschaffen. Und was hier zum Vorscheint kommt, ist in der That bemerkenswert genug. Da giebt es ganz blaue Beine; rote und graue Beine; andere blendend weiß; wieder andere geringelt; in der Form meist zierlicher und variabler als die stockgeraden Beine der anderen Racen-Hälfte; kegel-, gurken-, spindel-, wurst-, kürbisförmig; gestrichelt, getüpfelt, gesprängelt, gefleckt. Mein Herr, mit Anderen seines Schlags, ist einer der Unermüd-

lichsten im Ausnützen solcher Gelegenheiten. Auffallend war mir, daß seine Miene, bei Ausübung solcher Pflicht, einen kalten, glasartigen Ausdruck annimmt. Jede Gesticulation schwindet. Ja, jedes Interesse für andere Dinge hat er dann verloren. Sogar für mich. So daß er mich oft verlor. Lief ich dann nach Hause, bekam ich später Hiebe, weil er den Vertrag gebrochen hatte. — Was soll aber das Alles bedeuten? Ist das Ganze ein Witz? Oder ein Schauspiel? Eine gegenseitige Abmachung? Um mich zu ärgern, und mir Gelegenheit zum Nicht-Mehr-Nach-Hause-Kommen-Können, und somit zum Hieb-Erhalten zu geben? Was haben Regenwetter und Bein-Verstecker resp. Bein-Zeiger mit einander zu thun? Und warum stocken

bei solchem Tripptrapp die Mund-Salven? Und cessieren die Gesticulationen? Lauter Fragen, für die ich mir keine plausible Antwort denken kann. Und ich muß sagen, diese Doppel-Race kommt mir als eine der tollsten unter den Tieren vor. — Eigentümlich bleibt, daß die Bein-Verstecker an jenen Teilen, die von den Blicken der Bein-Zeiger getroffen werden, die reichste, üppigste Entfaltung zeigen. Keine Schlange oder Eidechse dürfte sich mit diesem Farbenspiel messen können. Ziehen die glotzenden Glaskugeln der nachmarschirenden Bein-Zeiger etwa die Farben heraus? Ich meine, sind diese Farben dort drunten das Product des Glotzens? Weiter oben übrigens, ich meine, höher hinauf, kann ich fest versichern, nehmen die versteckten Beine eine meist eintönige, graulich oder gelbliche Farbe an. Einigemale traf ich rot. Und ferner: während der untere Teil der bei solchen Gelegenheiten von Seite der Bein-Verstecker sichtbaren Beine den oben geschilderten zierlichen Bau aufweist, wächst gegen oben hinauf zu, wie ich wiederum ausdrücklich versichern kann, Alles ins Dicke, Wulstige, Elefantenmäßige. Ich betone diese Verhältnisse um so mehr, als ich der Einzige sein dürfte, der durch seine kleine Statur in der Lage war, Kenntnisse über diese hochgelegenen und versteckten Dinge zu erlangen. Denn weder Bein-Zeiger noch Bein-Verstecker

können darüber — wenigstens nicht mit dem Gesichtssinne — orientiert sein. Erstere nicht, weil ihr Körper zu hochgewachsen, und der Kopf mit den Augen sich doch oben befindet; letztere nicht, weil ihr eigener Körper die Krümmung nicht zuläßt, die nötig wäre, um das Auge so tief zu bringen. Ich kleiner Hund weiß also mehr, als diese Menschen-Bajazzos über sich und ihre Partners in der gespielten Comödie entfernt wissen können! —

Mai.

Heute schöner, sonniger, warmer Tag. Wir gingen Alle hinaus vor die Stadt spazieren. Eine Menge Pferde, Wagen, Wägelchen — und noch kleinere Wägelchen, in denen kleine Menschlein lagen (über deren Herkunft ich absolut nichts weiß), bedeckten die staubige Straße. Es wurde bald sehr heiß. — Ein Mensch, der eine Menge klapperndes Metall um seinen Körper hatte, gab mir einen Fußtritt, worauf eine explodierende Lachsalve antwortete. — Mein Herr schnitt eine Grimasse.

Mai.

Unsere Abhängigkeit vom Menschen — die unbezweifelbar — ist es wohl unangefochten, daß sie — was unsere Seite anlangt — nur aus dem Gemüt stammt? Daß wir bei keinem andern Tier, als dem Menschen, jenen innerlichen Zug gefunden haben, der uns — wenn auch nur auf einige Secunden im Tag und nach diversen Portionen tüchtiger Prügel — einige

Liebkosungen zu Teil werden läßt, der sie uns auf den Schooß nehmen heißt, um unsern Atem gegenseitig auszutauschen, und uns einige Laute zuzuraunen, die in die Klasse unseres Gäuzens und Knurrens gehören, und die wir vortrefflich verstehen? Kurz, jener mitleidige Zug, den der Mensch neben uns unter allen Tieren allein besitzt? — Ist dieses Verhältniß, dieses Gemüts-verhältniß, aber wirklich unangefochten? Zu denken, daß die Menschen glauben könnten, wir hätten unsere Wälder verlassen, um ihnen die Hühner aufzusuchen, und uns das Nicht-in-die-Stuben-Pissen lehren zu lassen! Es wäre gräßlich, komisch, ungeheuerlich! Aber nach Allem, was ich bei dieser eitlen, ahnungslosen Race bisher bemerkt, durchaus glaubwürdig.

Mai.

Die ganze Menschheit riecht nach Stiefelwichs! Ich will nicht bestreiten, daß edlere Gerüche vorkommen, aber immer ein Gemisch mit dieser ranzigen Qualität. Seit den paar Monaten meines Stadt-Aufenthaltes sind wohl an die zehntausend Exemplare dieser Menschen-Race mir an der Nase vorübergegangen und es ist immer dieselbe Geschichte. Eigentümlich bleibt, daß dieser geistige Extract — schwer und plump wie er ist — sich aus dem ganzen Individuum in die Füße senkt, und dort, wie von einer Drüse ausgeschieden, als schwarzer Saft zu Tage tritt. Und wir ewig zwischen den Füßen der Menschen einherwandernden Hunde müssen mit unseren unendlich feinen Geruchsorganen diese pestilenzialischen Gerüche dort einatmen. Ist denn das der höchste Ausdruck Euerer Individualität, Beinzeiger und Beinverstecker, das Beste, was aus Euch herauskommt, unten Stiefelwichs, oben Mundsalven und Gesticulation?!

Juni.

Wie sich die Zeiten ändern! Als ich vom Land in die Stadt kam, da herrschte die graue Zeit. Alles war neblig und verqualmt; eine ewig graue Decke hoch über uns; die Bäume spreißelnackt; fröstelnd und schnatternd liefen Hunde und Menschen durch die Straßen, jeder ein Stück Privat-Nebel vor dem Maul; die Häuschen alle verstopft und verschlossen. — Dann kam eine Zeit, die ich die blaue nennen will. Mit was für Zurüstungen, ich weiß nicht, wurden die grauen Vorhänge entfernt und über uns, über Häuser und Alle hinweg eine blaue Decke gespannt, und inmitten dieser Decke eine gelbe, glühende Kugel von intensiver Leuchtkraft befestigt. — O elende Comödie und dummes Theaterspiel! — Aber, wie es geht, mit der Zeit wurde die gelbe Kugel so intensiv, daß diese gescheidten Menschen genötigt waren, sich Special-Dächer, jeder Einzelne sein Special-Dach über seinem Haupte zu construieren, um nicht zu verbrennen. Und mit zugekniffenen, verschmitzten Mienen und nassem Antlitz setzen sie dann ihre Tripp-Trapp-Arbeit durch die grell beleuchteten, ausgedörrten Straßen fort, während wir Hunde mit heraushängender Zunge nebenher keuchen. —

O, wenn ich Riesenfäuste hätte, ich möchte einmal die Mauern ihrer Häuser auseinander reißen, und diese Menschenclique, aufspüren, und zusehen, wie sie beieinander hocken, und neue Coulissen-Verschiebungen ausklügeln; und möchte ihren Kopf öffnen und hineinschauen, wo diese verflixt-neuen Gedanken wohnen; und möchte fragen, wo die Zipfel jener schönen, blauen Himmels-Decke — ich gestehe, schöne, blaue Himmels-Decke — angebunden sind; und wer das Drahtgestell erfunden, an dem die gelbe Scheibe täglich auf- und abgezogen wird! — Aber ich bin nur ein armer, kleiner Hund.

Juni.

Eigentümlich ist, wie ich schon wiederholt angedeutet, das gegenseitige Benehmen der Menschen, wenn sie sich auf der Straße treffen; aber noch weit eigentümlicher, geheimnißvoller benehmen sie sich, wenn sie, von Hunden ungesehen, in einer ihrer Versammlungsstätten sich befinden und dort unbehindert ihren Gesticulationen und Lauterzeugungen sich hingeben können. — War ich da neulich mit meinem Herrn in einem großen geschlossenen, mit künstlichem Rauch erfüllten

Raum, wo Angehörige beiderlei Racen-Typen, Beinzeiger und Beinverstecker, in zahlreichen Exemplaren vertreten, sich auf hohen, fast gefährlichen Sitzen niedergelassen hatten, und mit ihren kuriosen und oft über die Maaßen verkünstelten Stellungen, durch Aufstützen des Oberkörpers auf platten, hohen Widerlagern, sich festhielten. — Mein Herr hatte mich auf einen der Sitze postiert, und ich konnte, vorsichtig balancierend, den ganzen Raum übersehen. — Wie ein dröhnender Wasserfall aus der Ferne schwirrten die gurgelnden Laut-Salven durch den Saal. Und Eichhörnchen gleich zuckte Grimasse hinüber und herüber. — Ich gebrauche den Vergleich nicht ohne Ueberlegung. Denn, da es bei dieser Race Sitte ist, daß der A., wenn ihm der B. eine Grimasse vormacht, diese zunächst wiederholt (warum? Ja, das weiß der Himmel), so ist es für den, der noch Erinnerungen aus dem Walde hat, gerade so, als wenn ein Eichhörnchen mit ausgestreckten Vieren dem Andern ins Gesicht gesprungen wäre. — Doch das war ja nichts wesentlich Neues. — Sorgfältig beobachtete ich die Köpfe und die blauen Glaskugeln darin. Mir fiel auf, daß bei gewissen Momenten Alle sich in gleicher Richtung bewegten. Ich dachte an Schnüre, die diese Schauspieler unsichtbar gezogen, wodurch sie sich gegenseitig verbunden, und nun Alles in gleicher Richtung folgen müsse. Bald entdeckte ich aber die Ursache dieser gemeinschaftlichen Augen-Bewegung. Am dritten Tisch, gerade vor mir, saß eine Person, ein Beinverstecker, die sich vor allen Andern durch ihr Aeußeres auszeichnete. Ihre Glaskugeln im Kopfe waren glänzend und feurig. Der Mund rot wie Cochenille. Um die Stirn hatte ihr die Natur einen Kranz feinster Haarschnüre gelegt, wie sie beim Pudel vorkommen. Und auf der Brust sprangen zwei weiße Kugeln hervor, nach unten halb verdeckt, die ich für zwei Tiere halte, weil sie sich fortwährend, separat, auf- und abbewegten, zwei Schmarotzer, weiße Igel od. dgl., die sich dort festsetzen und leben. — Diese Person war die Ursache der gleichgerichteten Bewegungen der Köpfe aller übrigen Menschen im Saal. Schaute sie nach rechts, folgten Köpfe und Blicke aller Uebrigen nach rechts; ebenso nach links, nach unten und oben. Ich gab mir Mühe, die Bindfäden zu entdecken, die ihre Augen mit den Augen der übrigen Beinzeiger und Beinverstecker verbänden, wodurch die ganze Sache mechanisch auf die einfachste Weise erklärt war; gab aber diese Idee auf, als ich sah, daß einzelne schnellfüßige schwarze Beinzeiger, die wie Hechte hin- und herschossen, geraubtes Fressen in den Händen davontragend, und nur hier und da einzelne Schnapplaute hervorstoßend, diese Augenverbindungen kreuzten, und die Schnüre hätten zerstören müssen. Auch hätten diese Bindfäden von den Augen der betreffenden attractiven Person durch ihren Kopf hindurch nach rückwärts gehen müssen zu den dort sitzenden Menschen, die mit nicht geringerer Halsstarrigkeit allen Bewegungen dieses Beinversteckers folgten. — Also keine Erklärung! Wieder ein Räthsel! Wieder Zauberei! — Aber was ist der Sinn des Ganzen? Lassen wir das Wie? Fragen wir nach dem Warum! Warum diese zwangsmäßige, stundenlange Tick-Tack-Mechanik bei einer Race, die doch in ihrer Geistesstufe dem Hunde ziemlich nahe steht? Wo ließen wir Hunde mit unserer unbeschränkten Willensfreiheit uns je Aehnliches gefallen? Ist diese Person, dieser Beinverstecker mit den zwei weißen Kugeln da vorne auf der Brust eine Art höheres Wesen? Liegt eine heilige Handlung vor? Wird der Person mit dem Cochenille-Mund durch diese pagodenartige Handlung Scheu und Verehrung erwiesen, wie einem überirdischen Idol? — Ich weiß wohl, wir Hunde kennen ein solches, wie soll ich sagen, über uns stehendes, überhündisches Wesen, dem wir Verehrung zollen; jene blaßgelbe Scheibe, die bei der Dunkelheit geheimnißvoll am Firmament über uns hinzieht. Oft zürnt sie uns und blickt uns mit scheelem Seitengesicht an. Oft bleibt sie ganz aus. Und wochenlang warten wir zitternd und bebend. Wenn sie aber dann freundlich, rund und voll wie ein gelbes, fletschendes Bulldoggengesicht, uns wieder besucht, dann erheben wir unsere tiefsten, innigsten Dankeslaute zu ihrer Verehrung. — Aber darf man ähnliche, nicht auf der Erde liegende, über den grünen Bäumen und kalkigen Häusern erhabene, gleichsam zum Himmel hinaufsteigende, transscendente Empfindungen bei dieser Bajazzo-Race voraussetzen?

Plötzlich, mit diesen Erwägungen noch beschäftigt, sah ich, stürzte ein Bein-Zeiger hervor, auf diese Person zu, riß ein Bein nach hinten, eins nach vorn, knaukte zusammen, und übergab ihr einen geköpften Rosenstrauch heftig grimassierend. Diese Person, das Idol mit dem Cochenille-Mund, entblößte die obere, blitzende Zahnreihe, steckte den abgehauenen Rosen-Kopf zwischen die zwei gelblichen Brust-Kugeln hinein, und mit einem „Aaaah!" schien sich der Zauber von all den pagodisierenden Menschen zu lösen. Jedes erhielt seine freie Bewegung wieder. Der Gottesdienst war vorbei. —

Aus dem letzten Monat finde ich beim Zusammenzählen: 12 Stockhiebe; 25 Fußtritte; 6mal Prügel und Püffe mit der Faust oder Hand; 3mal furchtbaren Durst leiden müssen; 1mal steinharte, abgenagte Knochen; 35mal „Ei di di di di di di das schöne Hunderl!" ca. 40mal „A dä dä dä dä dä dä das schwarze Dackerl!". Auf meiner Seite, der Leistungen, stehen: 120 Beleckungen; 370 Beriechungen; 500 Schweifwedeleien, und an die 699 Speichelleckereien. — Ein Jeder schlägt sich eben durch, wie er kann! —

O Gemeinheit! O Niederträchtigkeit! O Schande und Kot! O Menschenknochen und Hundegestank! Mist und Morast, ihr seid erhabene Gerüche gegen die Menschenseele und ihre Evaporation, gegen die hundsgemeine, — was sag' ich! — menschengemeine Aufführung dieser Kolossal-Race! — So einen armen Hund zu täuschen! — Alles geht zu Grund! Alles geht in die Brüche! Alles ist umsonst geschrieben! Muß mein Tagebuch von Neuem anfangen! Alles ist falsch gesehen und berichtet! Meine kostbare Einteilung wahrscheinlich ganz für die Katz! Ich könnte mir die Augen ausreißen! So sich betrügen lassen!

Zur Sache: Ging gestern Abend mit meinem Herrn, wie so oft spazieren. Es fiel mir gleich auf, daß er sich an einen Bein-Verstecker herandrängte, und nun mit einemmal eigenartige Zischeleien begannen. Sonst näselt mein Herr Bein-Zeigern gegenüber in der aller-ekelhaftesten Weise. Hier hielt er sich auf einmal zurück. Dies kam mir sonderbar vor. Mein Herr schien bald jede Aufmerksamkeit für mich verloren zu haben. Dies merkt ein Hund bald. Ich beschloß, die Situation für mich auszunützen, und einmal einen Blick bis in die letzten Gemeinheiten, bis hinter die letzten Vorhänge dieser Schauspieler-Race zu thun. Der Blick war zu tief. Mein ganzes kostbares System, mit dem ich diese seltene Race zu umspannen meinte, ist zerbrochen und zerfetzt. — Meine beiden Objekte wandelten das Trottoir entlang. Die Luft war laulicht und aufgelockert. Unser Herr-Gott, der Mond, goß seinen gelben Speichel eimerweis über das verzückte Paar. Es muß selbst Ihm Spaß gemacht haben, der sonst skeptisch über die Dächer hinwandelt, und alte Handtücher beguckt. — Der gegenüberliegende Teil der Straße war kohlschwarz eingefrämt. Wir kamen bis an unser Thor. Neues Gezischel. Es wurde aufgemacht. Wir gingen die Stiege hinauf. Ich benutzte die Gelegenheit mich wieder einmal in das Schlafzimmer meines Herrn zu stehlen. Richtig, der Mond, der Allgegenwärtige, der Allmächtige, der Allwissende war auch schon da, und lachte mit vollen Backen ins Zimmer. Diese Menschen scheinen keine Ahnung von dieser Beobachtung zu haben, keine Ehrfurcht vor unserem höchsten Wesen; sie thun, als ob er nicht da wäre; dies spricht mir für ihre unglaublich niedere Stellung in der Tierreihe. Also: in dieser Beleuchtung ging folgendes Unglaubliche vor. Der Bein-Verstecker, — ja dieser Bein-Verstecker, diese Person, was that sie? Sie fing an Schichte für Schichte ihres glockenförmig gebauten Körpers abzustreifen; aber nicht, wie der

Schmetterling schöner, freier aus der Puppe herausschlüpft; oder, wie die Schlange goldiger,

funkliger aus ihrer Haut herauskommt; sondern häßlicher, scheußlicher, stinkender; wie der Has' dort hängt, wenn ihm der schöne Balg abgezogen. Ein Stück nach dem andern flog fort oder wurde in die Ecke geschleudert. Und schließlich, nachdem diese unerhörte Operation unter Knicken und Knacken beendet, kam ein gelbglasiger, abgehobelter, scheußäliger Körper zum Vorschein, die Nuance haltend zwischen Käs und Mehl, schilfrig bei der Berührung, dampfend wie ein Kochkessel, riechend wie faule Eier, lautlos wie ein Gespenst hin- und herschwankend. Und kaum war dies geschehen, so begann auch mein Herr, der doch von Haus

aus ein spindeldürrer Kerl ist, dieses gleiche, saubere, balgabziehende Geschäft. Gott was da für ein blasser Spargel herauskam! Durch den fast der Mond hindurchschien, der alle unsere Gedanken durchforscht! Und nun standen diese beiden traurigen Produkte einer wahnsinnigen Verstellungskunst dort. Dort vor mir, der sie entlarvt hatte. Und diese Menschen-Race besteht also nicht aus Bein-Zeigern und Bein-Versteckern — diese Bezeichnung hat höchstens für das Straßen-Tripp-Trapp Geltung, — sondern Beide sind vollständig gleich; beider Beine gleich lang; gehen gleich hoch hinauf; und was sie veranlaßt, sich verschiedene Bälge und Häute künstlich zu construieren, ist reine Willkür und Verstellungswut. — O elende Menschenrace, schau Dich um einen andern Geschichtschreiber um; der Hund ist zu gut, zu edel dazu! — Nun gings aber weiter. Die beiden nackten weißen abgezogenen Hasen schlüpften in das große weiße Haus hinein, in dem ich schon einmal meinen Herrn ertappte; und nun ging die Comödie erst recht an. Mein Herr beginnt heftig zu grimassieren mit Zuhilfenahme der Augenbraunen, und verschwendet eine unglaubliche Quantität hervorgezischter Luft; der Bein-Verstecker — oder wie soll ich ihn denn nennen, den Kerl; er steckte ja jetzt gerade die Beine wiederholt zum Gehäuse heraus, — diese Person da, benützte unter fleißigem Entblößen der oberen

Zahnreihe, wie mir schien, die Handsprache, um etwas auszudrücken, was ich nicht verstand. Von Seite meines Herrn neue Grimasse. Dann plötzlich eine gilfende Mundsalve, spitzig und trillernd. Nun Zahn-Entblößung auf Zahn-Entblößung auf beiden Seiten. Zunge und Rachen werden sichtbar; Brust-Vorbeugungen und Kopf-Verrenkungen. Mein Herr verdreht plötzlich die Augen, bekommt Krämpfe und scheint das weiße Gehäuse in Stücke zerbrechen zu wollen. Sein vis-à-vis entrollt mit einemmal einen Haufen schwarzer, glänzender, lautloser Wellen, die aus dem Kopfe hervorsprudeln und wie Oel auf dem weißen Gehäuse schwimmen. Jetzt wurde es auch dem Mond zu kunterbunt. Er entwich mit einem letzten, sensenartig dünnen Strahl, der über die beiden mehligen Gesichter hinstrich, als wolle er die zwei Comödiantenköpfe abschneiden. — Ich hörte noch einen Schrei; dann wälzte die Nacht ihren schwarzen Mantel über die ganze Scene, und ich kroch winselnd, erschöpft und zerknirscht unter das Bett. —

Juli.

Ich bin noch immer ganz dumpf. Noch immer kann ich nicht die Ereignisse jener entsetzlichen Nacht in meinem Kopfe registrieren. Also dieses ganze Menschengeschlecht sind in ihrem Innern, innerhalb ihrer künstlichen Verstellungs-Schichten, sozusagen abgezogene Hasen, mit Bimsstein abgerieben und mit Puder eingestreut; und auf der Straße müßte man sie nennen: abgezogene Menschen mit Ueberzügen versehen. Aber so lassen sie sich ja nicht classificieren. Niemand, der damals nicht zugeschaut, würde verstehen, was ich damit meine. Ich werde also wohl bei „Bein-Zeiger" und „Bein-Verstecker" bleiben müssen. — Meinen Herrn traf ich die folgenden Tage wiederholt mit selbigem Bein-Verstecker. Beide thaten, als wenn nichts vorgefallen wäre; bewegten sich harmlos in ihren Verstellungsschichten, und trieben ruhig ihre conventionellen Zahn-Entblößungen, Mundsalven und Gesticulationen. — Man muß sich nur erst an Alles gewöhnen. Die Race ist bei aller Schurkerei entschieden interessant. —

Juli.

Traf heute einen Hund, mit dem ich die Ereignisse jener denkwürdigen Nacht besprach. — Er stutzte; schaute mich von der Seite an; schien nicht entzückt von meinen Mitteilungen, obwohl er ein gewisses Staunen nicht verhehlen konnte. Meinte, das von mir Erzählte sei mehr oder weniger jedem Hund bekannt, der in seines Herrn Zimmer schlafe; aber ich ginge zu weit, grübelte zu tief, brächte die Sache zu barock vor; wenn man in meiner Weise fortführe, kämen ja Scheußlichkeiten aller Art zu Stande; er, seinerseits, halte dafür, daß man da nicht so tief hineinschauen solle; die Menschen mehr wie Marionetten ruhig an sich vorüberziehen lassen; nicht lang zwischen Schein, und was drunter stecke, unterscheiden; sich vor Fußtritten in Acht nehmen, sei die Hauptsache; und fleißig in die Sonne legen, das thue dem Hund wohl! — Als ich ihm mein Einteilungs-Prinzip von „Bein-Zeiger“ und „Bein-Verstecker“ mitteilte, und wie das nun zerbrochen und zerstört sei, wurde er doch paff. Ich sah's ihm an, er erholte sich längere Zeit nicht. Sammelte sich aber dann, und meinte, wir sollten besser in den von der Natur uns gezogenen Grenzen bleiben, nicht darüber hinaus wollen; wir seien nun einmal Hunde; wir sollten unsere vortreffliche Nase gebrauchen; hübsch Knochen und Fleischreste aufspüren, und wegstibitzen, wo's was gebe; er kenne dahinten ein altes, großes Haus, wo jeden Mittag die Menschen mit dampfenden Mäulern um Tische herumsäßen, und riesige Fleischstücke verschlängen; dort im Vorzimmer, wo schlappige Personen, „Bein-Verstecker", wie ich sie nenne, um einen großen, schwarzen, glühenden Kasten herumhantirten, und über große Fleisch-Rationen verfügten, schleiche er sich manchmal hinein, stehe auf zwei Füße und wedle mit dem Schwanz; dann platzten die Bein-Verstecker dort alle vor Vergnügen und Erstaunen hinaus; und er bekomme die besten Fleischbrocken zugeworfen; das sei besser als alle Philosophie. — Mein Partner war dick und fett. — Ich wollte ihn noch Einiges über den Mond fragen. Er wich aber aus; erklärte, er habe jetzt keine Zeit, müsse an die nächste Ecke; habe was in der Nase; wollte offenbar nicht in Religion examiniert sein. —

August.

Die letzten Tage wieder viel nachgedacht, was mir der wohlgenährte Hund gesagt. Er mag von seinem Knochenstandpunkt aus Recht haben. Ich kann mir nicht helfen, ich muß dieser merkwürdigen Race noch weiter nachgehen, sie noch weiter beobachten, zergliedern, einteilen, systematisch unterbringen. Und sollte ich darüber den Kopf verlieren. Das Schlimmste, was mir passieren kann, ist, daß ich solch verrücktes Zeug treibe, wie die Beiden in jener Nacht, Mundsalven und Gesticulationen loslasse, Hinterteil und Kopf verrenke, mir künstliche Ueberzüge mache, falsche Füße anziehe, einen zweiten Kopf aufstülpe, wie diese Menschen, mit einem Worte also, ein Narr werde.

August.

Ja, ich bin noch jung, ich weiß, ich werde noch Manches lernen. Neulich teilte mir ein Hund mit, er habe an einer Straßen-Ecke, wo sich meist ein oder zwei unseres Geschlechts zusammenfinden und sich von allen Seiten ausforschen und beriechen, die Empfindung gehabt, er möchte der andere Hund sein. Das ist ja unerhört! Aehnliches habe auch ich schon verspürt. Es ist unglaublich! Was kann denn das sein, daß man einem andern Hund gegenüber verspürt, man möchte er sein? Das ist ja ein förmliches Aufgeben der eigenen Persönlichkeit. Es scheint, an den Straßen-Ecken und Rinnsteinen gehen ganz gewaltige Dinge vor, von denen ich noch keine Ahnung habe, von denen auch das hopsende, gesticulierende und straßentrappende Menschengeschlecht nichts weiß, denen ich aber von jetzt an die vollste Aufmerksamkeit widmen werde.

August.

Täglich lerne ich neue Dinge. Von meinem Schrecken in jener Nacht habe ich mich erholt. Ich glaube doch, es war ein Ausnahmezustand, was ich da gesehen: die kreidebleichen Menschen mit ihren hohen Beinen und ihrem Fischschuppen-Glanz. Ich glaube doch, diese Menschen-Ueberzüge, die sie Nachts gelegentlich auf's Sofa hinschmeißen, gehören zu den Individuen selbst, sind ein integrierender Bestandteil von ihnen, ja gehören zu ihrer Seele; wenigstens exhalieren sie, wie ich mich genau überzeugen konnte, die gleichen Gerüche wie die Race selbst. Und somit bestehen meine Unterschiede von „Beinzeiger" und „Beinverstecker" zu Recht. Ja, um des Systems willen würde ich selbe um jeden Preis zu retten suchen. — Aber noch mehr, diese Menschen-Ueberzüge sind wechselnd. Und — Horror über Horror! — die ganze Stadt beteiligt sich an dieser Gaunerei; öffentlich, coram publico. Während nämlich die oberen Teile der Häuser in jeder Straße, wie ich schon erwähnt, mit Gucklöchern versehen sind zum Heraus-Grimassieren, bestehen die unteren Räumlichkeiten — jetzt genau Obacht geben: — aus Vorratstätten für einzelne Körperteile, menschliche Glieder, Bein-Ueberzüge und dergleichen.

Und ohne sich zu genieren, während oben Welche zum Fenster herausspitzen, gehen Einzelne in diese Vorratkammern und kaufen sich Körperteile. Wir Hunde warten immer draußen. Aber man müßte ja blind und ohne Nase sein, wenn man das nicht merkte. Der Eine holt sich einen blaukarrierten Hals, der Andere einen Beinzeige-Ueberzug, der Dritte künstliche Hände, braun oder semmelfarbig, eine vierte Person einen Beinversteckungs-Ueberzug oder eine gelbes Metallstück; mein Herr holte sich neulich zu seinem Körper eine zweite Nase mit Fensterchen zum Durchgucken; zweifellos giebt es hier auch innere Organe, Seelen, Herzen, Beine, Gedanken und dergl., obzwar die äußeren von eminent wichtigerer Bedeutung sind; fertige dieser Körperteile sieht man auch von Außen in diesen Vorratstätten liegen; todt; sie beginnen eben ihr Leben, sobald sie angezogen sind. Demnach bestehen die einzelnen Mitglieder dieser merkwürdigen Race nicht aus geschlossenen Individuen wie der Hund, die Katz, das Eichhorn, das Pferd; sondern ihre einzelnen Körperteile, ihre Componenten liegen zerstreut; ein Teil liegt Nachts in dem weißen, schlammigen Gehäuse, welches ich schon beschrieben; ein anderer Teil liegt Nachts auf dem Sofa; und die andern Teile liegen in den verschiedenen Vorratskammern zerstreut; und bis diese Species jeden Tag ihre sieben Sachen beieinander hat, vergeht natürlich viel Zeit; darüber wird es oft Abend. Bis sie aufstehen und von ihrer Seele Besitz ergriffen — die, weiß der Teufel wo, vermutlich an einer vierten Stelle sich inzwischen aufgehalten hat — und gefrühstückt, und sich mit ihrem alter ego, den Ueberzügen, ausgesöhnt, und dann in den Straßen herumgelaufen, um ihre ihnen noch fehlenden Körperteile zusammenzuklauben — ja,' da wird es bei Vielen Mittag oder Nachmittag. — Und dann? — Nun, dann sind sie fertige Menschen! Und dann? — Nun, dann — gesticulieren sie! — Ja, aber was thun sie denn eigentlich? Zu was sind sie denn da? — Du lieber Himmel, das kann ich doch nicht wissen!

❧

August.

Es scheint, daß sich auch die Menschen oft gegenseitig die wertvollsten Organe entwenden, und sich damit verbinden. So sah ich heute zu meinem nicht geringen Erstaunen, wie ein Beinzeiger dem andern auf der Straße in die Hosentasche langte und Etwas herauszog, mit dem er

sofort auf und davon lief. Der Betroffene, mit einem kurzen Griff an die betreffende Stelle, merkte bald, was geschehen und fing fürchterlich zu schreien an. Alles lief zusammen, erkundigte sich, gesticulierte, verrenkte alle möglichen Gliedmaßen; bei der schwierigen Verständniß-Möglichkeit dieser Race dauerte es lange, bis man wußte, woran man war. Auf einmal lief dann Alles in einer bestimmten Richtung davon. Der arme In-die-Hosentasche-Gelangte aber stand dort, bleich und zitternd. Offenbar war ihm eines der wertvollsten Organe abhanden gekommen, ohne das er unmöglich weiter leben kann, das Herz oder die Seele.

August.

Jetzt glaub' ich doch, daß mein Herr einer der größten Comödianten unter seines Gleichen ist. Neulich sitzt er zu Hause, gähnend, schläfrig, mit offenem Maul wie immer. Bis dahin hatte ich niemals beobachtet, daß ein Beinzeiger oder sonst ein Mensch gesticuliert und dergl., auch wenn er allein ist. — Plötzlich kommt Jemand mit einem blauen Oberkörper zur Thüre herein, macht ein paar kurze Worte und giebt meinem Herrn ein langes, dünnes, weißes, viereckiges, zusammengefaltetes Ding. Mein Herr reißt es auf, starrt es einige Zeit an, fährt dann plötzlich auf, fuchtelt mit den Händen in der Luft herum, durchwühlt seine Haare, setzt sich dann mit einer fürchterlichen Grimasse hin und preßt und würgt und gurgelt und verzerrt seinen Mund zu einem viereckigen Loch, bis es ihm faktisch gelingt, von dem Wasser, welches, wie es scheint, die meisten Menschen im Kopf haben, einen Teil in Form von dicken, großen Tropfen zwischen seine blauen Augenkugeln herauszupressen. Dann war Ruhe.

Mein Herr blieb heute Morgen ungewöhnlich lange zu Bett. Ich glaubte schon, er werde mit dem dummen Schwindel, jeden Tag in der Früh sich falsche Körperteile umzuschnallen, definitiv brechen. Aber plötzlich lehnte er sich zum Bett heraus und ein gelb-grüner Strom schoß armsdick aus seinem Munde und platschte auf den Boden hin. Es war eine halb-dünne, halb-dicke Materie von nicht unangenehmem Geruch. Es ist dies das erste Mal, daß ich aus dem Munde eines Menschen etwas Anderes herauskommen sah, als jene in diesen Blättern schon wiederholt genannten Mundsalven, die in der Luft verpuffen, ohne etwas zurückzulassen. Mein Herr stund später auf und war auffallend freundlich mit mir. Der gelbgrüne Platschen, dem ich schon als der ersten greifbaren Expectoration meines Herrn nicht geringe Bedeutung beizumessen geneigt war, wurde später zu meiner Ueberraschung von einem Beinverstecker, einer Person, der ich oft bei ihren Dienstverrichtungen nachlaufe, unter nicht geringer Gesichts-Gesticulation entfernt und mit dem gewöhnlichen Unrat des Zimmers im Hof in eine Grube geworfen.

September.

Oft habe ich schon darüber nachgedacht, woher meine Hundegedanken kommen. Betrachte ich meine Pfoten, so sind es meine Pfoten; betrachte ich meinen Pelz, meinen Schwanz, so ist es mein Pelz und mein Schwanz; kurz, das ganze Hunde-Mich kann ich so zusammenfassen; und immer giebt es dann Pfoten, Pelz, Schwanz und dergl. — aber keine Gedanken. Woher kommen die Gedanken? Ich glaube, es ist ein Tier, welches mir unterm Kopfe steckt, und das diese rastlose, mühevolle Arbeit besorgt. Das, was zurückbleibt, wenn man vom Hunde alle äußeren Teile wegnimmt, ist, glaube ich, dieses Denktier, welches mich zwingt, seine Arbeit für die meine anzuerkennen. — Welche Entdeckung!

Mir kam es schon immer sonderbar vor, daß, wenn ich etwas thun wollte, es in mir bellte: Ich mag nicht. Und jedes Mal mußte ich folgen. Und umgekehrt, wenn ich zu träge war, vorübergehende Hunde zu beriechen, trieb mich oft dieses geheimnißvolle Denkwesen in meinem Innern auf, zur Geruchsarbeit zu gehen, die mir dann auch schmeckte. Welche elende Wirtschaft! Wenn der Hund nicht mehr thun darf, was der Hund will! Da sinkt ja der schöne, gefeierte Hund auf die elende Stufe einer pelzüberzogenen Marionette herab! Und der stille Commandeur im Innern, der läßt sich nie sehen. Dann besteht also der Hund aus A. + B., aus Hund + Nicht-Hund. Und dieser Nicht-Hund ist es, der die ganze Geschichte leitet. Er, der eigentlich für Alles verantwortlich ist, er heißt Nicht-Hund. Und gerade er sollte Hund heißen. Welch merkwürdiges Verhältniß! Welche Täuschung! Welche Infamie! So einen armen Hund herumlaufen, herumschnuppern zu lassen; ihn couragiert und stolz sein zu lassen, und ihm dann eines Tages zu zeigen, daß er gar nichts ist, und die Befehle eines andern sehr schlauen Commandeurs vollführt hat, und für die Zukunft vollführen wird. — Wie aber, wenn der Hund einmal nicht mag?! Wenn der Hund revoltiert und die Zähne zeigt?! Was wird dann das geheimnißvolle eingewanderte Tier im Innern thun, da es doch keine Peitsche besitzt? — Ich will auf dieses Zweiverhältniß für die Folge genau Acht geben.

September.

Immer wieder komme ich auf das Menschengeschlecht zurück. Den ganzen Trupp einteilen, in Ordnungen und Klassen bringen, das fällt mir nicht mehr schwer. Aber herauszufinden, was stabil ist und was vorübergeht, da liegt die Schwierigkeit. Absonderlichkeiten und Raritäten kommen bei uns Tieren auch vor, aber sie sind stabil. Die Schildkröte hat ihr Dach, die Schnecke ein Haus, der Maulwurf seine Wohnung, der Pfau seinen Popo-Fächer, die Fledermaus ihre Armsegel, der Feuersalamander seine kleinen Monde am Buckel, die Kröte ihre Geruchsfläschchen. Aber diese Accidentia sind stabil und man darf sich auf sie verlassen. Bei dieser merkwürdigen Race aber, die ich zum Gegenstande meines Studiums gemacht, geschieht jeden Tag etwas Andres, und jeder von ihnen verändert sich auf beliebige Weise. Der Eine grinst, der Andre spuckt, der Dritte reckt ein Glied heraus, welches er bis morgen einzieht. Viele tragen ihren Popo hinten, viele tragen ihn vorn; und Andere haben einen Popo vorn und hinten; und da ich mir nicht denken kann, die Natur habe einem dieser Schauspieler aus besonderer Nachsicht zwei Popo's verliehen, so muß der eine in irgend einem Körperteil-Lager erworben worden sein. O, wenn ich all die Scheußlichkeiten und Verzerrungen registrieren wollte, ich würde nicht fertig. Sechs Linné's würden nicht genügen, die Botanik dieses Wackelwerks, Mensch geheißen, zu beschreiben und in ein System zu bringen. Und ich könnte auf den Gedanken kommen, diese Zappelrace gesticuliert, rutscht und fakelt so tollhäuslerisch herum und nach vorheriger Abrede, um mich armen Hund, der die Sache in ein System bringen muß, um seinen Verstand zu bringen. Sah ich doch neulich, nicht zufrieden damit, sich immer neue Glieder anzuschnallen und Körperteile zu erwerben, sogar, wie ein Beinzeiger sich mit einem Pferd verbinden wollte, auf es hinaufsprang, — wie Hunde sich oft gegenseitig übersteigen, — um eine monströs-unanständige neue Zwitter-Race zu bilden! Das stolze Tier bäumte sich und warf den frechen Kerl ab, so daß er auf seinem — echten oder falschen — Popo grinsend liegen blieb. Das hätte wieder eine schöne Combination gegeben! — O, ich bin nicht mehr so naiv und unvorsichtig wie früher. Seitdem ich meine erste furchtbare Enttäuschung als Beobachter erlebt, seitdem ich weiß, daß die Menschen farbige Ueberzüge tragen, sich ihre Organe täglich erst Gott weiß wo zusammenlesen, um Gott weiß wen über ihre wahre Gestalt zu täuschen; seitdem ich solche Ueberzüge und Organe Abends habe ablegen und auf's Sofa schleudern sehen und den nackten mehligen Kerl sich in ein weißes großes Haus verkriechen, so daß ich nicht wußte, wo jetzt der Bursch liege, auf dem Sofa oder im Bett, und schon eine Zweiteilung des Individuums für die nächtlichen Stunden von 12—6 anzunehmen geneigt war —, seitdem bin ich vorsichtig geworden und nehme nicht jede Grimasse oder Hinaus-Reck-Versuch für baare Münze.

September.

Was man auch sagen möge über die Nichtsnutzigkeit oder Niedrigkeit der Menschenrace, sie haben Fertigkeiten, Kunststücke, Schauspieler-Sächelchen, Zauberkünste, die ihnen nicht so leicht Jemand nachmacht. Und wenn diese Dinge auch keinen Wert haben, man steht starr vor ihnen und entzückt, wie vor einem Wunder. Und eine Spanne Existenz ist wieder ausgefüllt. Ich rede von der Reproduction des Menschengeschlechts durch das singuläre Individuum. Ich wiederhole: Reproduction oder Wiederholung der Menschenrace durch ein einzelnes Individuum.

Ja, lauscht Ihr Hunde, die Ihr oft unter dem Hohngelächter der Menge Euch auf der Straße um Eure Nachkommenschaft abplagt! Diese Menschen reproducieren sich viel leichter. Ein Griff, und Alles ist geschehen. — Ich rede nicht von der Nachkommenschaft der Menschen, — die sie, weiß der Himmel wie und wo, zu Stande bringen — sondern von der Selbstproduction des Einzel-Individuums. Das versteht wieder Keiner! Ja, versteh ich's? Ist es meine Schuld, wenn ich Ausdrücke und Wendungen gebrauche, die kaum gefaßt werden können? Wenn unsere Hunde-Sprache den Tollheiten und Zauberkünsten dieser Menschen nicht nachkommen kann? Eigentlich sollte ich sagen: Selbst-Repetition oder Selbst-Wiederholung des Einzel-Individuums an jedem Tag, zu jeder Stunde, in jedem Augenblick, wann es gerade gefällig, ohne Beihülfe, — weil das betreffende Individuum immer nur sich selbst erzeugt, kein jüngeres, kein anderes, nicht einmal ein ähnliches, sondern immer nur sich selbst, also repetiert. — Warum? — Ja, das weiß der Himmel. — Doch, ich glaube, ich gebe die Sache am besten so, wie ich sie gesehen habe. Ihr legt sie Euch dann aus, wie es Euch gefällt.

Also: In der letzten Zeit liege ich häufiger als früher bei Nacht unter dem Bett meines Herrn. Ich kroch nun, — es war gestern —

etwas früher unter demselben hervor, weil mich hungerte. Ich drückte es ihm mit dem Blick aus. Aber, wie bekannt, versteht diese stumpfsinnige Race nicht die leiseste Andeutung, die jeder Hund versteht. Er glotzte mich blöd und breitmäulig an, und wandte sich dann zu seiner früheren Beschäftigung. — Neugierig gemacht, verfolgte ich diese, und bemerkte, wie mein Herr, der eine Menge sonderbarer stachlicher, zinkiger Instrumente in seinen Händen hielt, einen bestimmten Abstand zu nehmen suchte zu einer gewissen Platte, die todt und leer an der Wand herabhing. Diese Platte, groß und gähnend wie ein unendliches Nichts, hatte ich wohl früher bemerkt, ohne ihre Bedeutung mir klar machen zu können. Nun kam ein Moment: mein Herr hielt die erwähnten Instrumente hoch über seinen

Kopf, — noch ein Schritt seitwärts, — und plötzlich trat hinter der Platte, wie aus einer andern Welt, schläfrig und grabentstiegen, mein zweiter Herr auf; ja, mein zweiten Herr; oder: noch ein Exemplar von meinem Herrn; ganz und gar, und leibhaftig, und lebendig; und mein erster Gedanke war, daß sich jetzt auch die Hiebe im Tage verdoppelten. Mein Herr hatte sich repetiert; hatte sich aus dem ewigen Nichts, — oder wie man das nennen will, — selbst erzeugt. Ich war starr und sprachlos! — Und nun hätte man sehen sollen: Dieses gegenseitige Gezwinker und Augenblinzeln, dieses Mundspitzen, diese Begrüßungen und Beglückwünschungen, als sagten sie sich: Wie geht's? Du siehst ja prächtig aus! Wie freut es mich, Dich zu seh'n! Wie Du schön bist! Du Prachtmensch! Du göttergleiches, küssenswertes Wesen! Du bist ein Gott, und Alles Andere ist Schund! — Dies dauert wohl eine halbe Stunde; und nun, — einen Schritt seitwärs, — und Fallenlassen der Apparate, — war das Phantom verschwunden, mein zweiter Herr so radical fort, und in sein voriges Nichts aufgelöst, wie eine gefressene Maus. Wenigstens sah ich später meinen Herrn ganz allein und ruhig, als wär Nichts vorgefallen, am Frühstückstisch sitzen. — Ein Glück! Ich hätte nicht sehen mögen, wie dieser zweite Herr vis-à-vis von dem meinen Platz nimmt und sich an einem Frühstück beteiligt, welches mein Herr immer mit großer Gier verzehrt und von dem nicht der kleinste Bissen übrig bleibt. —

So weit das Thatsächliche. Und nun lasse ich einen Hund herkommen, er soll mir sagen, was das zu bedeuten habe. Oder besser: ich lasse gleich einen Menschen herkommen, den nächstbesten, (ich glaube, sie treiben Alle das Geheime Laster) er soll mir sagen, was er damit bezweckt. Die Unkenntniß der Mache ja meinerseits ohne Rückhalt zugegeben, frage ich: Was in aller Welt soll diese infame Fabrication? — Andere Wesen creieren. — Gut! Respect! Ein Götter-Geschäft! — Aber sich selbst, — bis auf den letzten Knopf, — im Handumdrehen, — noch einmal so hinstellen, — repetieren! — Elende Race, langst Du denn nicht mit einem Exemplar?! —

September.

Traf heute jenen fetten, wohlgenährten Hund wieder, der sich so gern in die Sonne legt; er erzählte mir, meine Einteilung des Menschen-Geschlechts in „Bein-Zeiger“ und „Bein-Verstecker“ mache Aufsehen, finde Beifall, sei höchst bezeichnend, man komme mit dieser Terminologie viel weiter; sie sei schon in der ganzen Stadt im Gebrauch; ich solle ihm doch, wenn ich wieder so was hätte, Mitteilung machen; er verbreite gern solche Sachen. — O diese dummen Hunde, die mit allem zufrieden sind, wenn sie nur Mittags ihren Suppenknochen haben! Wenn die wüßten, was ich Alles inzwischen neu erfahren und neu entdeckt habe! Habe entdecken müssen!

September.

Ich dachte mir neulich, ich könnte, um den ewigen Fußtritten zu entgehen, einen Vertrag mit meinem Herrn abschließen, wonach er jede ungerechte Mißhandlung an meinem Körper durch irgend eine Wohlthat zu sühnen hätte. Dafür erklärte ich mich bereit, alle die Schweifwedelungen, Abschleckungen, verzücktes An-ihm-hinaufspringen, exaltirtes Freudegebell, und was sonst die Menschen-Race an uns bewundert, ihm in Ueberfluß zu Teil werden zu lassen; auch ihn nie öffentlich zu blamieren; stets zu folgen, wenn er mich lockt und dergl. Aber, wie gesagt, es müßten dann für seine häuslichen Unarten, — cholerische Fußtritte, weil er seine Porzellantasse fallen ließ; mir eine auf die Schnauze, weil ihm ein Hemdknof abgesprungen, — Repartierungen eintreten; also z. B. für ein zorniges Wort, welches ich nicht veranlaßt, eine Extra-Streichelung; für Eine auf den Schädel, ein Zuckerstückchen; für einen Fußtritt, eine Käsrinde; für Eine auf's Maul, außergewöhnlich Abends einmal mitgenommen werden; für eine zerbrochene Rippe, eine Leberwurst. — Aber, Du lieber Himmel, wird mein sauberer Herr es eingehen? Wird er mich bei diesem Vertrag nicht für den Meist-Begünstigten ansehen? Und, wenn er ihn eingeht, wird er ihn halten?! —

September.

Ich verlaufe mich jetzt häufiger. Ist es, daß mein Herr jetzt nicht mehr die richtige Schuhwichs ausschwitzt, oder daß er mich absichtlich zum Narren hält, oder daß meine Nase schlechter geworden, oder daß meine Gedanken wo anders sind, ich weiß nicht; und jedes Mal giebt es dann zu Hause Prügel. Aber ich mache auf meinen Sonder-Wanderungen oft Entdeckungen, die ich als kostbaren Erinnerungsbesitz meinem Gedächtniß einverleibe, während die paar blutrünstigen Stellen an meinem Körper bald geheilt und aufgesogen sind. — Neulich traf ich den Mond. Er kam gerade wie ein brennendes Ungeheuer hinter dem Berg herauf. Eine kühle, aufgelockerte Nacht hing vom Himmel herunter. Eine Ration Frösche, hörte ich von ferne, hatten sich bereits eifrigen lauten Gebetsübungen hingegeben. Ich war gewiß in religiöser Stimmung. Aber, mein Gott, diese Frösche mit ihrem ewigen Geplapper, zählen die Vater-Unser nach dem Gewicht und meinen, sie haben's, wenn sie nur eine große Anzahl zusammenbringen. Ich, ein luth'rischer Hund, concentriere mein Gefühl auf einen einzigen Stoß und bete, wenn ich muß, und wenn mich mein Innres antreibt. Und so fing ich denn, draußen am Ranger liegend, und immer in die glühende Kugel glotzend, unvorbereitet wie ich war, und vom eigenen Gedankengang überrascht, plötzlich an: O Du runder, zeisigleuchtender Gott, bist Du wirklich ein uns beschützendes Wesen, das uns Knochen und Fleischreste bescheert, und vor den Prügeln der Menschen bewahrt, und Dich uns Nachts präsentierst, damit wir nicht in Tümpel und Straßengräben fallen? Oder bist Du nur eine aufgezogene Signalscheibe, ähnlich wie jener Tagesdiscus, den sich die Menschen täglich, behufs besseren Gesticulierens, im glühenden Zustand über den Himmel ziehen? Und unterstehst einem noch mächtigerem Wesen, einem Beamten, der

Dich heute Viertels, morgen Halb und übermorgen Dreiviertels anstreicht? — Und Dein strenges und gütiges Hundegesicht, das Du uns zuweist, ist das wirklich auf uns, Deine armen, geschlagenen, durchgebläuten Brüder erbarmungsvoll gerichtet? Oder sind, was wir an Dir sehen, nur häßliche Löcher, Knorpel und Auswüchse eines alten, verrunzelten, durch den Himmelsraum geschleuderten Holländischen Käses? — Nach solchem Gebet brach mir fast das Herz vor Rührung, Zweifelsqualen und Weltschmerz, und ich heulte und klagte, daß in den nächsten Straßen die Menschen weißgekittelt zu ihren Gucklöchern herausschauten, und schimpften und zeterten und gesticulierten, und Einer mit einem Stock herausgestürzt kam, daß ich schleunigst davonlief.

Hatte mich gestern Nachmittag wieder verlaufen. Und obwohl ich mit knapper Not vor meinem Herrn hätte nach Hause kommen können, so bewog mich doch die Neugier, unter dem staunenswert regelmäßigen Hin- und Hergetrapp der Menschen noch etwas Unbekanntes zu entdecken, sowie die Erwägung, daß, komme ich nach Hause, wann ich wolle, es Hiebe absetzen werde, meinen Schlendergang noch etwas fortzusetzen. — Ich verlor mich bald abseits von dem wandelnden Stiefelmeer in kleine Seitengäßchen, wo ich einige der wundersamsten und neuesten Gerüche entdeckte, die durch sorgfältige Lagerung daselbst einen außerordentlichen Wert erlangt hatten. Ich muß sagen, ein solcher Geruch erschüttert meine ganze Seele. Frische Gerüche sind gut; jeder derselben hat seinen bestimmten Gedankengehalt und, aufgesogen, leben sie in unserem Kopfe weiter als das, was sie sind. Aber was in diesen Geruchsstraßen seit Monden abgelagert liegt, ist nichts Einfaches mehr. Das sind Componenten, die gegenseitig ihren Gedankengehalt austauschen, sind Constellationen, die eine ganze Vergangenheit erzählen, und die, aufgenommen, wie ein Geruchsrätsel, wochenlang in unserem Kopfe spuken. — Dies nebenbei!

Es war inzwischen dunkel geworden und ich war eben im Begriffe, nach Hause zu gehn, als ich eine Katze traf. Ich bin diesen geschickten Tieren von Haus aus nicht abgeneigt, obwohl ich sie am hellen Tage nach einer alten Racen-Tradition tüchtig abkanzle. Im Dunkeln macht sich so Manches anders. — Wir waren bald in ein Gespräch vertieft. Natürlich schimpften wir über unsere gemeinsamen Dienstherren, die Menschen. Die Katze, welche wohl bald merken mochte, daß sie keinen gewöhnlichen Hund vor sich habe, überraschte mich bei einer Wendung mit der Frage: ob ich die neue Menschenrace sehen wollte, die sie in einer der letzten Nächte entdeckt. Eine neue Menschenrace? rief ich. Welche? Die straßentrappende? Die kenn ich in- und auswendig; an der ist nichts Neues! — Nein, — sagte sie, — es ist eine ganz neue Species; sie schläft bei Tag, wacht gegen Abend auf, lebt nur in künstlicher Luft, die durch eigentümliche rohr- und becherartige Instrumente erzeugt wird, entwickelt aber dann eine staunenswerte Gelenkigkeit und Körpergeschicklichkeit, so daß ich sie mit uns, den Katzen, verwandt glaub, ich möchte sie die zwirbelnde Menschenrace nennen. — Ich wurde nachdenklich. Sind es etwa Affen? frug ich. — O nein! — gab sie zurück, — viel prächtiger und farbiger und fast ebenso geschickt. —

Kommen sie nie auf die Straße? — Nein, — meinte meine Berichterstatterin — bei Morgengrauen werden sie erschöpft und halbtodt in künstlichen schwarzen Häuschen und unter Beihülfe von Pferden aus ihrer Tanzluft hinweggebracht und verbringen dann den Tag in einem

larvenähnlichen Zustand. — Wir wurden übereins, noch heute Nacht dieser seltenen Race nachzuspüren; und die Katze, dieser leichte und prachtvolle Pfadfinder, ging voraus. Ueber Gemäuer, Winkelwerk und ähnliche Stein-Constructionen gelangten wir nach vieler Mühe an ein hochgelegenes, staubiges Fenster, das nur knapp uns

beiden Platz gewährte. — Hier saß ich, — bemerkte die Katze — schon ganze Nächte und ergötzte mich an den kostbaren Sprüngen dieser höchst merkwürdigen Race. — Wir blickten in einen tiefen Saal, der ganz mit einem blauen Dunst angefüllt war und der nur schwierig die Erkennung der Einzelheiten gestattete. Was soll der Nebel? frug ich. — Es scheint ihre Lebensluft zu sein, außerhalb welcher sie ihre wunderbaren Schraubenbewegungen nicht ausführen können, und absterben. — Ist das ein neues Element, ähnlich dem Wasser? — Es scheint künstlich produciert zu sein, denn, sieh dort, auf der hohen Tribüne sitzt eine Gruppe mit aufgeblasenen Backen und wunderlichen gelben und schwarzen Röhren, Kesseln und sonstigen Instrumenten, aus der sie die Luft herausblasen und -schlagen. — Ja, das sind aber gewöhnliche Menschen! entgegnete ich. — Das sind auch nur die Beihelfer! Die Lufterzeuger! Die die ihnen unterworfenen menschenartigen Wesen zwingen, solche Stöpselzieher- und Spiral-Bewegungen auszuführen. — Ich starrte lange in das blaue Meer

hinunter und entdeckte endlich tief unten eine nach Tausenden zählende Colonie springender, hüpfender, schwirrender, schwänzelnder, sich um ihre Längsaxe drehender Körper, Lebewesen, in den verschiedensten Farben, grün, rot, blau, gesprenkelt, getüpfelt, der Straßenrace nicht unähnlich; aber prächtiger, leuchtender; die Unterschiede zwischen Beinzeigern und Beinversteckern aufgehoben, da alle Zwischenformen und Uebergangsstufen vorkamen. — Katze, sagte ich, diese Zwirbelrace scheint mir eine höhere Stufe der gemeinen Menschenrace zu sein! — Wieso? — Weil hier Alles, was wir bei den Menschen schon finden, die Bewegungen, die Farben, die Gesticulationen, die Zahn-Entblößungen, wiederkehrt, nur in potenzierter Form und in reicherer Variierung. — Das glaub ich nimmermehr; mir scheint diese künstliche blaue Lufterzeugung nicht gleichgültig dabei; ich halte

das Ganze für eine infernale Veranstaltung von Seiten der Menschenrace selbst, die ihre gefangenen Brüder hier hereinbringen, wo sie unter dem Einfluß der blauen Luft diese furchtbaren Verzerrungen und Zwangsbewegungen machen müssen. — Welche verschrobene Ansicht! rief ich, Katze, Du scheinst Dich noch nicht lange mit dem Denken zu beschäftigen! — Wir erhitzten uns heftig. Die Katze fuhr auf mich los; ich machte eine Rückwärtsbewegung, um mich an dem schmalen Fenster zu halten, und stieß mit dem Kopf gegen die Fensterscheibe, die zerbrach und klirrend in den Saal hinabfiel. In diesem Augenblick drang ein fürchterliches Geräusch wie Donner und brechendes Gebälk an unser Ohr, das unsere Seele erzittern und unsere Magen zum Erbrechen übel machte. Geräusche, gegen die Froschquaken

und Wolfsgeheul nur Zirpenlaute waren. Die blaue Luft, ein Gemisch von Käs, Messing und alten Lumpen, drang mit Heftigkeit aus dem Scheibenloch. Mit Schrecken blickte ich hinab in den Saal. Unsere Unvorsichtigkeit schien eine deletäre Wirkung da unten hervorzurufen. Die ganze Mechanik schien zu erlahmen; die Bläser setzten die Lufterzeugungsrohre von den Lippen; mit dem Entweichen der künstlichen Luft schien dem Ganzen das Lebenselement genommen zu sein, jetzt hörte auch das wilde, gebälkbrechende Geräusch auf. Die Hüpfer und Springer erlahmten sichtlich in ihren Schraubenwindungen und lehnten zuletzt matt an der Wand; der starre Tod schien über diese kostbare seltene Species zu kommen. Mit dem Ruf: Wir sind verloren, sprang die Katze auf das nächste Dachsims. Ich, weniger glücklich, stürzte in den Hof hinab und brach eine Rippe. Jammernd und klagend eilte ich nach Hause. Es war inzwischen fast Morgen geworden. Mein Herr erwachte zu früh aus dem Schlaf und hieb mich so jämmerlich durch, daß er mir noch zwei Rippen brach. Macht zusammen drei Rippen.

October.

Angeregt durch die Mitteilungen der Katze, habe ich inzwischen Acht gegeben, und zu meiner nicht geringen Verwunderung in der That gefunden, daß es eine Menschenklasse giebt, die statt sich in Bein-Zeigen und Bein-Verstecken zu üben, zu gesticulieren und Gesäß-Hinauszurecken, sich in kleine schwarze Häuschen einsperren, die ein einziges Guckloch auf der Seite haben, und durch eine possierliche Vorrichtung einem großen Tier, Pferd z. B., so nah auf das Hinterteil geschnallt sind, daß, wenn selbiges Pferd sich vorwärts bewegen will, es selbiges Haus nolens volens mitnehmen muß, wie die Schnecke ihr Haus. Wenn dann diese mehligen Gesichter in dem schwarzen Guckloch erscheinen, starr und gesticulationslos, und der Kopf hin und her schlenkert, wie ein abgerissener Kürbis, und das ganze Wackelwerk hinrumpelt und bumbelt wie ein groteskes Zufalls-Gespenst — — oh, ich könnte wieder in Interjectionen ausbrechen, wenn ich nicht schon an das Tollste und Widerspruchvollste gewöhnt wäre. Was ich einzig bemerken möchte, ist, — die feine Beobachtungs-Gabe der Katze im Uebrigen unbeanstandet gelassen, — daß ich, weit entfernt, diese Menschen in den forthumpelnden schwarzen Häuschen für eine Extra-Race zu halten, umgekehrt diese Häuschen nur für einen neu zugeschnallten, oder umgelegten, Körperteil erachte, mit dem die alte gewöhnliche Race irgend wen zu täuschen sucht. Mich nicht!

October.

Heute hatte mein Herr den Mond im Zimmer; auf Besuch; lang starrte ich die uns ergebene Gottheit an; es war ein prachtvoller Vollmond, den mein Herr, wie auf einen Pfiff sich vom Himmel herabgeholt, und auf einen Stock gestellt hatte, und bei dessen Schein er lange, und, wie es schien, gründlich seinen Kopf in einen dicken, schweinsledernen Folianten versenkte. — Aber nicht lange währte die Täuschung. Denn als mein Herr einmal die Mondkugel anrühren und emporheben wollte, sah ich, daß Alles geometrisch abgezirkelter Betrug war; und daß unter einer milchartigen Hohlkugel eine ekelhafte, spitzige, grelle Flamme verborgen war, die der Mensch aus einem gelblichen Saft herauszog. — Comödiant! —

October.

Wenn ich mir so die Menschenrace anschaue, was soll ich mir denken? Läuft sie in den Tag hinein, und hackt mit bewundernswertem Fleiß jeden Tag ein Stück von ihrem Absatz weg? Oder überwacht sie ihre Arbeit? Zählt und rechnet sie? Sagt sie sich: Jetzt wird so und so viel getrappt, grimassiert, geäugelt, Zähne entblößt, Brüstchen herausgetrieben, Mundsalven entleert . . . .? Oder läuft und lebt sie so in den Tag hinein? Mein Gott, da hebt sie sich von Vieren auf Zwei, baumelt mit den Armen hin und her, und kiekt in die Luft. Ja, ist das Alles, was Euch vom Hund unterscheidet? — Merkt Ihr denn nicht, was ich merke? Seit Monaten, die ich mit meinem Herrn durch die gleichen Gäßchen gehe, sehe ich täglich die mir bekannten verzwickten Gesichter. Ich kenne sie alle. Jeden Tag begegne ich ihnen. — Aber siehe da, eines Tags fehlt Einer. Wo ist der Kerl hingekommen? Er ist fort. Aber wohin? Es ist, als ob die Häuser Menschen aufschlucken, aber nicht alle von sich geben. Es ist, als ob ein unsichtbarer Arm aus dem Straßenkörper herauslange, und den Einen oder Andern bei den Beinen packe und hinunterziehe. Eh sich die Andern umsehen, ist er fort. Die Kleinen werden groß; und von den Großen verschwindet Einer nach dem Andern. Merkt Ihr denn das nicht? Da hab ich einen Kerl gekannt, der hatte vor seinen Augen zwei festgefrorne Wasser-Ringe angeschnallt, um die bekannte dumme Blinzelei besser ausführen zu können. Der Kerl geht mir seit zwei Wochen ab. Ja, wo ist er hin? Er ist fort! Merkt Ihr denn nicht, daß der abgeht? Meint Ihr nicht, Euch wird es gerade so gehn? Und da tappt Ihr immer so zu, und pafft, und gaukelt, und schlenkert, und kiekt, und verdreht die Augen! Ja, Ihr führt ja das reinste Menschenleben gegen einen Hund! — — — — — — Mein Herr schnarcht da drinnen. Ich will mich auch zur Ruh legen. —

October.

Man sollte nicht glauben, wie weit es diese Comödianten treiben! Komm ich da neulich mit meinem Herrn in ein fremdes Haus, wo ich schon früher war, und wo ein Kerl wohnte, der mir immer Bisquit gegeben. Schon als die Thüre geöffnet wurde, stunden zwei dort, denen Rotz und Thränen über's Gesicht liefen; und dabei ein Schneuzen und Augen-Verdrehen, daß es nimmer schön war. Dachte mir schon, daß wieder eine große Comödie los. Komm ich hinein, liegt der Kerl (der Bisquit-Mensch) nicht stocksteif in einem schwarz-lackirten Kasten, und verstellt sich, hält den Atem an, und rührt sich nicht. — Eine solche Comödie! Nun glaubt vielleicht Eins von Euch, Hündchen, der Lump wäre nach einiger Zeit aufgesprungen, hätte seinen Mit-Bein-Zeigern die Hand gegeben, und unter entsprechenden Knixen und Zahn-Entblößungen gesagt: Alles war nur Scherz, und, sie sollten zufrieden sein? Nein, der Kerl läßt den Kasten über sich zumachen, zuschrauben, die Stiege heruntertragen, und auf einen phantastischen Wagen mit zwei lahmen Pferden eine Stunde vor die Stadt hinaus spazieren fahren! — Welch ein Spaß! —

October.

Ein merkwürdiges Vorkommniß bildet den eifrigen Gegenstand meines Nachdenkens während der letzten Tage. Ein kleiner Hund begegnete mir an der Ecke, wo mein Herr fast täglich mit einem Andern seiner Sippe zusammentrifft und Grimassen und Mundsalven austauscht. Der kleine Hund, der einen buschigen, häßlichen, aber intelligenten Kopf hatte, näherte sich mir mit benevolenten Manieren, und nach Austausch der unter uns üblichen Nase-Begrüßungen und Atem-Erforschungen ..... ich weiß nicht, wie ich mich ausdrücken soll, — — der kleine buschige Hund zitterte am ganzen Leib; halb Jauchzen, halb Schmerzen drückten seine Geberden, sein Blick aus; dumm, verzwickt, verlegen wurde seine Miene; sonderbar war, daß alle Begrüßungen, die ich bisher erlebte, einfach den Charakter gegenseitiger Informierung über den eigenen Zustand trugen; die diesmalige aber, diese Informierung für überflüssig haltend, sich in ganz anderen Empfindungen bewegte, und in mir eine neue stupende Idee weckte. Ja, um eine tolle aber kurze Ausdrucksweise zu gebrauchen: Mir kam vor, der Hund wolle ich sein, — oder mich sein; wie sagt man denn da? — Der buschige Hund wolle weniger über mich sich orientieren, wie meine Seele gestimmt sei, ob wir uns vertragen würden, und dergleichen, sondern er, der buschige Hund, wolle mich, der glatthaarige Hund, sein. Es klingt ganz verrückt. Ich geb es zu. Aber ich kann mich nicht anders ausdrücken. — Er beroch mich von hinten. Ich hielt dies früher immer für Spielerei. Aber ich muß sagen, es berührte mich eigentümlich. Mit Entsetzen merkte ich, wie in mir ein neues Hunde-Ich sich aufthat, welches meine Vergangenheit auszuwischen drohte. Ich machte die tollsten Sprünge und Körper-Verrenkungen. Ich kam mir wie ein Mensch vor. — War ich aus dem Gesichtskreis des kecken Angreifers entfernt, so wurde ich ruhiger und erkannte mich wieder. Aber schon auf wenige Schritte Nähe war es mir, als reiche der Hund in mein Wesen hinein. Ein Dunstkreis war um ihm, in dem ich mich halbiert, zerstört, zerhackt, gewaltsam auseinander gerissen fühlte.

Der Hund war grundhäßlich; seine Angriffe machten ihn noch häßlicher; ich hasse Häßlichkeit; aber durch seine Nähe mich mit ihm verquickt und vermischt fühlend, mußte ich mich teilweise mit ihm identificieren, — ein scheußliches Rätsel! Ich kann nicht weiter erzählen, wie die Sache weiter ging. Mir fehlt die Sprache. Weniger für die äußerlichen Vorgänge, als für die inneren Erlebnisse. Ihr würdet mich nicht verstehen, liebe Mithunde. Aber ich muß das Eine sagen, ich denke jetzt über Manches, was ich zwischen Bein-Zeigern und Bein-Versteckern habe vorgehen sehen — zu kraß, um Alles hier mitzuteilen, — milder. Mein Gott, wenn analoge Zustände bei der Menschen-Race vorkommen sollten; und ich denke mir das Ende: grandiose Scheußlichkeiten, Ineinander-Hineinschlüpfungen, infernale Probierungen kämen da heraus, vor denen, glaube ich, der Mond sich umkehren würde, und das Bein aufhöbe, um die Welt gelb anzuschiffen. — Ich treffe den Hund morgen wieder. Es ist klar, die Sache muß zu einem End' kommen. Ich muß wissen, ob ich ich bin, oder ob ich ein Stück von dem kleinen buschigen Hund sein soll.

October.

Hatte mich wieder einmal glücklich verlaufen. Solche Extra-Vacanzen kommen in der letzten Zeit häufiger vor. Sie enden in der Regel mit Prügel und Rippenbrüchen. Aber sie haben das Gepräge einer gewissen Idealität und versetzen uns in jene Zeit zurück, da wir, in unserer Gemüts-Verfassung noch weniger menschlich-windelweich geartet, das Bewußtsein unserer Selbständigkeit und unserer Zähne hatten, und gelegentlich mit unseren Vettern, den Wölfen, aus dem Wald hervorbrachen und den Menschen in die Waden bissen.

Es war schon Abend; aber warm; ich befand mich in einer leeren Straße vor einem Thor, und hatte eine Ahnung, als wenn hinter diesem Thor die Menschenrace, mit der ich mich in diesen Blättern leider allzuviel beschäftigen mußte, aufhörte, und eine neue, schöne, freie Welt begänne. — Ich ging durch das Thor und lief immer zu; allmählich hörten die Häuser auf; ein Baum kam nach dem andern; und plötzlich befand ich mich im Wald. Herr Gott, war das schön! Ich hörte wieder alle die kleinen Tiere zirpen, flöten, rascheln und herumklettern. Und ich atmete aus der feuchten Erde jenen Weltgeruch, den die Menschen, ich glaube, mit künstlichen Maschinen von ihren riesigen Maulwurfs-Constructionen und Wohnstätten fernhalten. Ich machte die tollsten Sätze, sprang durchs Gras, wälzte mich auf der Erde, und schielte verliebt zum Mond hinauf. — Es war furchtbar still. Ich lag wohl eine Viertelstunde, als sich plötzlich ein knisterndes Geräusch in der Ferne näherte. Ich horchte regungslos. Das war kein Hund, keine Katz, kein Eichhorn, kein Igel, kein Wiesel, und kein Maulwurf. Das war wieder ein Exemplar von jener verdammten Sippe: Mensch. Eins? Nein Zwei! — Was wollen nun die schon wieder da, dachte ich. Hier ist doch kein Pflaster, auf dem man stundenlang Tripp-trapp machen kann, kein Saal mit blauer künstlicher Atem-Luft, kein Fensterstock zum Heraus-Gesticulieren! — Ich schaute mich fragend um und entdeckte eine Bank, die ich vorher in der Dunkelheit nicht bemerkt hatte. O diese Sippe! Da stellen sie in gemessener Entfernung zwei Steine auf, legen ein paar Latten darüber, streichen sie mit einem Gott

weiß wo hergeholten braunen Saft an, und schlichten dann ihre Körper unter den schrecklichsten Verkrümmungen und possierlichsten Gesichts-Verzerrungen darauf, einen neben den andern, ... es ist die Schauspielerei, die mich ärgert! — Die schwarzen Gestalten kamen näher. Eines, dachte ich mir, wird meine Beobachtung diesmal voraus-haben. Die zwei werden nicht wissen, daß Du da bist, und der Grund zur Verstellung und üblichen Theaterspielerei wegfallen. — Richtig! Sie senken ihren Leib mit dem Gesäß vorsichtig balancierend auf die Bank nieder. Erst gegenseitiges stummes Anglotzen. Dann kleine, zischelnde Mundsalven, die herüber und hinüber gehn; doch, wie es scheint, ohne Förderung des eigentlichen Conflicts. A. legt die rechte Hand auf die linke Brustseite und streckt drei Finger der linken Hand emphatisch zum Himmel hinauf, die in dem sich gerade präsentierenden Vollmond wie drei schwarze Latten hineinragen. — B. erschrickt. — A. beendet seine Geste mit einer halb schnarrenden, halb röchelnden Mundsalve. — B. blinzelt verzwickt zum Mond hinauf. — Erneutes beiderseitiges Zischeln. — Endlich nähern sich Beider Lippen, und das Zischeln wird plötzlich erstickt. — Pause. — Dann Wieder-Entfernen der Lippen. — Starres Anglotzen. — B. entblößt die obere Zahnreihe. — Längere Pause. — Im 2. Akt genügen Gesticulation, Lippenannäherung und Zischeln nicht mehr. Arme und Beine werden zu Hülfe genommen. Die Bank beteiligt sich. Die Bank ist zwar todt. Trotzdem scheint ihr eine bedeutende Rolle in dem nun voll ausbrechenden Conflict zufallen zu sollen, — wie dem todten Götzen im heiligen Hain, dem deus ex machina im letzten Akt. — Die eine Person klammert sich mit Inbrunst an die Bank fest, wie an einen Gott. Der andere Teil zetert, flucht, schäumt und wütet gegen die dritte Person des Dramas, eben gegen die Bank, in der er, wie es scheint, sein Schicksal verkörpert sieht. Sie erkracht in allen Fugen. Man hörte die erste Person wimmern. Schwarze Gliedmaaßen erscheinen in der Luft und fuchteln am Mond vorbei. Arme greifen wie in höchster Extase nach den nächsten Baum-Zweigen, wie um diese als Zeugen anzurufen. — Endlich siegt die eine, — oder vielmehr die andere, — nicht die auf der Bank sitzt, — sondern die, wie soll ich sagen, die Anti-Bank-Partei. Beide Körper rollen in den Sand. Der unterliegende Teil giebt seine Sache für verloren, und unter Schluchzen, Keuchen, Poltern und Stampfen endet die scheußliche Scene zwischen den nächsten Bäumen mit dem Siege des guten — oder bösen — Princips über das böse — oder gute. —

Ich habe Balzhähne am frühen Morgen auf mondbeglänzter Schneefläche ihre verrückten Sprünge machen sehen unter der Belustigung der ganzen um diese Zeit gerade anwesenden Tierwelt. — Ich habe geckenhaften, eingebildeten Pfauen zugeschaut, wie sie ihre aristokratischen

Räder im Hofe eines reichen Nachbars schlugen. — Ich kenne das gackernde Alt-Weiber-Gekeif vollgefressener Truthennen. — Ich habe auch oft die stolzen Kreise eines erdenverspottenden Aars am Himmel oben bewundert. — Aber Adler, Truthennen, Pfaue und Balzhähne, was seid Ihr und Eure Tollheiten gegen die Schauspielerei dieser zwei Tripp-trapp-Menschen! Da laufen zwei von der Sippe Mensch bei Nacht hinaus in den Wald und führen mit einer Bank, dem Mond und drei oder vier Bäumen eine Comödie auf, und merken es nicht, halten sie für echt! Da liegt das Merkwürdige.

November.

Ich weiß nicht, es muß irgend Was los sein. Es ist nicht mehr wie früher. Die Blätter an den Bäumen werden käsgelb, fallen ab; hülflos und erbarmungswürdig strecken die Bäume ihre schwarzen, kahlen Hände gegen den Himmel; die Luft bleibt einige Schuh über der Erde hängen, wie milchiger Kleister, und rührt sich nicht mehr vom Fleck; die Vögel führen ein ängstliches Geschrei auf und halten öffentliche Beratungen über die Wohlfahrt; der Mond schaut nicht mehr so frisch vom Himmel; als hätt auch ihm einer das Gesicht mit Kleister verschmiert. Die Bächlein und Flüsse gurgeln und hauchen einen eigentümlichen Gischt aus. Auf den Wiesen sammelt sich Abends ein dicker, schweinfurter-grüner Dampf, in dem der Mond, offenbar krank, mit seinem Strahl mit Vorliebe herumrührt. Das Vieh brüllt anders, wie verzweifelt; die Gesticulationen der Menschen werden kurz und knapp; das Maul spitzig; der Lärm wird überhaupt ruhiger; Thüren werden zugesperrt; Läden zugeworfen; der Wind kommt Abends hereingestürzt mit einer Angst, als käm hinter ihm der Schrecken, der Hunger und der Tod. Es muß Was los sein in der Welt! Ich weiß nicht, es ist nicht mehr so wie früher!

November.

Da ich ein deutscher Hund bin, so versuche ich Alles, was mir vor die Augen kommt, gehörig einzuteilen, in ein System zu bringen und mir so eine Weltanschauung zu gründen. Nachdem mir der Hauptcoup gelungen, die Menschenrace in zwei große, sinnfällige Kategorieen zu bringen — Beinzeiger und Beinverstecker —, versuche ich Unterabteilungen zu Stande zu bringen.

Aber ich verkenne nicht die Gefahr, die mit dieser Sucht, ein schön gegliedertes System zu erreichen, verknüpft ist. Es heißt, der erste Gedanke ist der beste. Gut! Aber der zweite ist dann gewiß der schlechteste. Weil man mit einer Einteilung Glück gehabt, meint man, die zweite und folgenden müßten auch so ausfallen. Die erste Einteilung geschah aus inneren, zwingenden Gründen. Die zweite, weil die erste gut war. — Ich erinnere mich noch lebhaft, wie ich vor meiner ersten großen That — deren innere Schwächen Niemand besser durchschaut wie ich — gepeinigt und außer mir vor Verzweiflung durch eine nasse triefende Allée lief und fortwährend vor mich hinlallte: Wie teilst Du das Menschengeschlecht ein? Wie teilst Du das Menschengeschlecht ein? Es war ein Glück, daß ich ein kleiner Hund war, und sofort die Beine der vorüberscharwenzenden Race in Augenschein nahm. Der erste Blick zeigte mir sofort, daß dem einen Teil die Beine ganz fehlten; aber sofort erkannte ich auch, daß dies nur scheinbar; daß bei ihnen die Beine beim Gehen wohl bemerkbar werden, also nur versteckt sind; und mein System war fertig. — Eine Dogge, vermöge ihrer Größe und Blickrichtung, wäre vielleicht zu ganz anderen Schlüssen gekommen; hätte die Menschen vielleicht nach den Knöpfen, die sie vorne tragen, eingeteilt und mit solchem System eine heillose Verwirrung unter den Hunde-Intelligenzen angerichtet.

Mit solchen Gedanken war ich beschäftigt, als mir heute die Versuchung ankam, neue und weitere Unterabteilungen am Menschengeschlecht vorzunehmen, die, ich weiß, trotz aller Gegengründe sich als unabweisbares Bedürfniß einstellen werden. Ich meine, gewisse augenfällige Erscheinungen fordern direct dazu heraus. So möchte ich am liebsten eine gesticulierende, eine grinsende, eine zahnentblößende, eine pfeifende, eine zwinkernde Species annehmen; eine, die in enge niedere Stuben sich zusammenpferchт, aus kleinen Röhren dicken, grau-blauen Rauch entwickelt, und eifrig beschäftigt ist, eine braune lackirte Flüssigkeit sich in bestimmten Zwischenpausen zwischen Nase und Cravatte einzugießen; eine mit vielem Metall behängte Tripp-trapp-Species im engsten Sinn, stricte sic dicta, und dergl. mehr. Die Schwierigkeit ist nur die, es läßt sich im einzelnen Fall nicht feststellen, ob ein Individuum, über einer lustigen Sonderbarkeit betroffen, dieselbe immer und habituell ausübt; wie der Krebs immer rückwärts geht, der Affe immer sich am Schwanz aufhängt, der Frosch immer die Augen verdreht. — So sah ich neulich einen Menschen höchst ernsthaft in einer Ecke stehn, die beiden Hände an den Mund halten und einen armsdicken gelb-grünen Strom in die Ecke feuern. Gleich darauf ging er fort mit demselben blöden Gesichtsausdruck, den die meisten seiner Race-Verwandten auszeichnen. Ja, giebt es mehr von dieser sich ausgebenden Species, dann thut man sie in eine Klasse zusammen, und die Sache ist fertig.

November.

Der Tag wird immer enger zugeschnitten. Die Nacht wälzt ihren grauenvollen, dicken Mantel immer länger und schwärzer über Gegenstände und Gefühle, Hunde und Menschen. Mit offenem Maule liegen die Leute früh in ihren Betten und wollen ihre gewohnte Charlatanerie nicht beginnen, weil ihnen der Tag nicht voll genug ist. Bei dieser Sachlage werden auch meine Exrationen immer seltener, weil diese kostbare Race meint, je kürzer der Tag, desto kleiner werde der Magen beim Hund; ich fürchte, diese Gesammtnichtsnutzigkeit hat nun ihr Ende erreicht und eine Katastrophe kann nicht ausbleiben. Bedenkliche Vorzeichen sind schon da. Die ganze Welt ist wie abgekehrt; Alles runzelt und schnurrt ein; graues Getriebe scheint vom Himmel heranzurücken und die Welt zusammenpressen zu wollen.

Die Wiesen werden schmutzig-gelb und eingeschrumpft. Den Blumen hat man die Köpfe geknickt. Die Vögel sind auf und davon. Den Mond hab ich schon so und so lang nicht mehr gesehn. Die Menschen scheinen auch zu merken, daß es ihnen an den Kragen geht. Gesenkt schleichen sie daher, und haben ihre dummen Gesticulationen eingestellt.

November.

Nun den Menschen ihre Possenreißerei auf der Straße, in der freien Luft vergangen, setzen sie selbe in ihren geschlossenen, ausgehöhlten Versammlungsstätten mit einer gewissen systematischen Wut fort. Heute gegen Abend lief ich mit meinem Herrn, ohne daß dieser, glaube ich, wußte, daß ich bei ihm war. Wir kamen in ein merkwürdig construiertes Haus, von dem ich noch im Zweifel bin, was ich draus machen soll. Wenn man aus einem gewöhnlichen Haus, in dem die Menschen auf die Straße herausgesticulieren, im Innern ein kreisrundes Stück, etwa wie einen runden Kuchen, herausschneidet, so daß nur die Rinde stehen bleibt, und wendet die nach der Straße zu gesticulierenden Menschen um, so daß sie nun in die schwarze Höhlung hineinschauen, erleuchtet diese Höhlung mit einigen jener glühenden Kugeln, wie sie die Menschen die ganze Zeit am Himmel auf- und abspazieren ließen, überzieht die so in ihrer Position geänderten Menschen mit den phantastischsten Ueberzügen und Körperteilen, die Wände mit grellen roten und goldigen Farben und Stoffen, und läßt die ob dieses Wechsels erstaunten Menschen die entsprechenden Gesichter und Gesticulationen machen, so hat man etwa das, was ich meine und was ich gesehen. Also hier kommen die Menschen förmlich zum Gesticulieren zusammen, hocken Kopf über Kopf in cirkelförmigen Reihen dicht bei- und übereinander, einige ihr mehliges Körper-Innere — welches ich ja schon ganz gesehen habe — in großen Flächen herauszeigend, andere die absonderlichsten Körperteile neu angeschnallt. Ich war noch in Betrachtung dieser grandiosen Tollheit befangen, als zu meinem größten Erstaunen an der innersten Seite des Hauses die Scheidewand weggenommen wurde und eine ganz neue Menschenrace auftrat mit den unerhörtesten Gesticulationen, Gesichtsverzerrungen, Gesäß- und Nackenverrenkungen; und zwar, die sie heraus zur alten Race machten, in deutlich provocierender Absicht, als wollten sie sagen: Könnt Ihr das? Diese ließ sich denn auch das nicht gefallen und antwortete mit Zahnentblößungen, Armschlenkerungen u. dgl., und hatte in jedem Fall schon durch ihr numerisches Uebergewicht die beste Aussicht, zu gewinnen. Das Ding dauerte mehrere Stunden. Mir scheint, das Ganze ist überhaupt eine Fopperei. Den draußen in der Höhlung Sitzenden soll, glaube ich, weiß gemacht werden, es gebe eine

Menschenrace, die noch besser gesticulieren könne als sie. Sie gehen auf den Versuch scheinbar ein, halb widerstrebend, aus Neugier, werden dann fortgerissen, überwältigt und verlieren. Wenigstens sprangen am Schluß Beinzeiger und Beinverstecker auf und hieben unter den schrecklichsten Gesichtsverzerrungen auf sich selbst los, jedes mit großem Gepatsch sich selbst durch. Gott sei Dank, dachte ich mir, endlich einmal eine Selbsterkenntniß bei einer Race, die immer nur meint, sie müsse uns Hunde durchhauen. — Mit dem größten Ekel in der Seele verließ ich dieses Täuschungsinstitut, das wohl das Aergste an Verstellung noch überbietet, was ich bisher gesehen.

December

Herr Gott, ich glaub die Welt geht unter! — Heut Morgen. — Nun? — heut Morgen, als mein Herr das Fenster öffnete, war die ganze Welt bedeckt mit einer grieseligen, weißen, sprühenden Masse. Ringsum Todtenstille. Wir Beide blieben starr vor Entsetzen. Später als ich hinaus auf die Straße kam, und berührte diesen Todes-Brei, merkte ich erst, daß es ein ganz undefinirbares Pulver, ein Ding, das gar nicht in diese Welt gehört, sei, Etwas aus dem Jenseits. Es ist nicht dick nicht dünn, nicht schwer nicht leicht, nicht naß nicht trocken, nicht zum Essen nicht zum Trinken, ein ganz schauderöses Zeug. Bei der Berührung knirscht es stäubend zurück, und zeigt, daß es mit uns gar nichts Verwandtes ist. Nichts Hündisches, nichts Menschliches. Es gehört nicht zum Bach, zur Wiese, zum Baum. Es kann Niemandem Nutzen bringen. Höchstens alle verderben. Ich glaub, es ist ein colossales Strafgericht, das alle ersticken soll. Das weiße Zeug, glaub ich ist die Sünde! Die ganze weite Welt bedeckt mit der weißen Sünde. Und immer kommt noch mehr vom Himmel herunter. Die paar Menschen, denen ich bis jetzt begegnet, sind starr vor Entsetzen. Aha! Hat's Euch? ! Ihr Schauspieler-Geschlecht, wo sind jetzt Eure Gesticulationen? Alles eingefroren und versteift! Ihr Tripp-trapp-Balanceur, wo ist jetzt Euer Gehack? Erstickt und verstummt in dem weißen Sünden-Pulver. Diese Sünden-Pasta dringt überall ein. In die Ohren, in die Nasen; in die Falten der künstlichen Ueberzüge; ich sah schon ganze Kerle, über und über vollgepudert. Ein Müller- und Melber-Geschlecht bedeckt die Erde. Und dieses kalte Grinsen im Gesicht. Und die erstorbenen Mund-Salven! Eine prachtvolle, colossale Stille, in der endlich einmal der Hund zum Denken und Ueberlegen kommt. Ich glaube, es kommt jetzt einmal an den Hund die Reihe zu herrschen; und die Menschen deckt es ganz mit der weißen Sünde zu. Wir Hunde können doch springen, und uns oben halten. Nur zu! Ich wein keinem nach! Aber auch die Vöglein, die so unvorsichtig waren, nicht zur rechten Zeit in ein besseres Jenseits wegzufliegen, sterben; traf heute einen erfrornen Spatzen. Die Bäume sehen wirklich himmelschreiend aus. Absolut nackt! Nackter, als sich ein Bein-Verstecker je ausziehen kann. Das Wasser im Bach hält an; es erstarrt vor Entsetzen. Die Wiesen, die Bäume, die Häuser, die Menschenköpfe, die Menschenbuckel, die Hunde und Pferde, Alles weiß und bedeckt mit dem Sünden-Pulver. Den ganzen Tag sündigt's 'runter; ein unaufhörliches, rieselndes, überirdisches Geräusch. Zwar suchen sich die Menschen zu verteidigen und zu schützen; schleppen neue Körperteile herbei, die sie sich umschnallen; setzen neue Köpfe, neue Füße an; laufen in der Stadt umher, Thür auf, Thür zu, in die Vorratskammern für Körperteile, bringen neue, dicke fette Glieder heraus. Aber es hilft nichts. Die Sünde rieselt weiter; dringt ihnen zwischen Hemdkragen und Kinn hinein; schon reicht ihnen das Verderben bis an den Bauch. Es ist schon so! die Welt geht zu Grunde, und Euch holt der Teufel! —

In der fürchterlichen Stille komme ich jetzt mehr zu mir selbst; und Gedanken der peinigendsten Art überfallen mich. Gestern Abend laufe ich zur Stadt hinaus, und mich über den Fortschritt der großen weißen Katastrophe zu orientieren. Da treff ich auf einen Hund, der ruhig hingestreckt am Weg liegt, als ging ihn die ganze Geschichte nichts an. Ich rüttele ihn; er rührt sich nicht; ich knurre, belle, gäuze; er bleibt liegen; ich beiße ihn ins Fell: ein fürchterlicher Geruch bleibt mir in der Nase. Der Hund, sagte ich mir, ist nicht mehr der Hund. Und doch war es noch der Hund. Aber etwas war doch vorgegangen. Der Hund konnte nicht mehr beißen, nicht mehr bellen, nicht mehr mit seinem Atem fragen und antworten, nicht mehr denken. Ein plötzlicher Gedanke stieg in mir empor: Jenes Denk-Wesen, jenes Tier, welches in unserem Kopfe steckt, und uns Alles befiehlt, zu riechen, zu fressen, zu laufen, auch gegen unsern Willen, hatte offenbar meinen armen Kameraden verlassen! Ein schrecklicher Jammer überkam mich. Eine schreckliche Angst. Ich blieb die ganze Nacht sitzen, um zu warten, ob das Denk-Tier schon ausgekrochen, oder wiederkehren würde. Die Bedeutung dieses geheimnißvollen Wesens wurde mir auf einmal schrecklich klar. Aus dem Maule meines armen Kameraden kamen gelbe Würmer, schauten sich hastig um, und verschwanden dann wieder im Innern. Als ich bis zum frühen Morgen gewartet, und Nichts gekommen, lief ich elend und halb kaput nach Hause, fortwährend von den elendesten Gedanken gepeinigt: Wenn das Denk-Tier, sagte ich mir, meinen Kameraden verlassen, wo ist es dann hin? Und warum muß der arme Kerl da draußen so lange liegen, und sich die Würmer im Maul herumlaufen lassen? Giebt es einen Platz, wo sich die Denk-Tiere versammeln, vielleicht am Mond, und plauschend sich unterhalten, wie sie jetzt wieder einen Hundekörper gefoppt und dann elend liegen gelassen? Das ist ja ein elendes, feiges Verhältniß, wo der Eine davon läuft, wenn's ihm paßt. Und nicht einmal weiß man, wen man da am Kragen nehmen soll! Wer ist jetzt der Hund? Das fortgelaufene Denk-Tier? Dann ist das, was da draußen liegt, der Nicht-Hund! Und was wird aus dem armen Kerl jetzt? —

Gleich heut Nachmittag lief ich wieder hinaus, um nach meinem armen Kameraden zu sehen. Der Gedanke unterwegs, wie erst die Menschen in diesem Zustand, wenn sie in ihren gefälschten Körperteilen dortliegen, aussehen müssen, konnte mich keineswegs tröstlich stimmen. Als ich hinauskam, flatterte eine Schaar Raben fröhlich kreischend auf. Mein armer Kamerad war zerfetzt und zerhackt; und halb aufgefressen. Das Denk-Tier hatte sich wohl längst aus dem Staube gemacht. Ich wollte meinen Kameraden verteidigen und ging auf die schwarzen Vögel los; erhielt aber einen solchen Schnabel-Hieb über den Kopf, daß ich schleunigst zurückwich.

Mit dem Hund wars also aus! Mein Kamerad verloren. Und wer hat das Alles zu Wege gebracht? Hat vielleicht mein Kamerad auch gesündigt wie die Menschen? Aber das kann er ja nicht. Er hat ja nur Hiebe bekommen. Wer hat meinen armen, guten Kameraden zerstört? frug ich immer wieder. Wer hat ihm das Denk-Tier ausgetrieben, welches ihm jetzt befehlen könnte, aufzuspringen und sich gegen diese Rabenviecher zu verteidigen? Wo ist dieses gute, treffliche Denk-Tier, dem ich vielleicht früher Unrecht ge-

Reinh: Hoberg.

than habe? Mond, hast Du das gethan oder zugelassen? Dann pfeif ich auf Dich! Wenn Du so für uns sorgst! Zu was bist Du unser Gott? Läßt uns so zu Grunde gehen? — Mit diesen Gedanken lief ich nach Hause. Trotz meines inneren Elends regte sich der Hunger in mir. Aber ich bekam nichts zu fressen. Mein Herr saß stocksteif am Sofa, rührte sich nicht und hatte die Hände versteckt. Ich blickte ihn an. Er that nichts dergleichen. Ich winselte. Er zwinkerte nur. Ich lief wieder fort, um mir selbst was zu suchen. Aber draußen war Alles menschenhoch bedeckt mit der weißen Sünde. Das Elend rückt immer näher. Und fortwährend rieselte es herunter. Kein Mensch auf der Straße. Und die Luft schneidend, rücksichtslos, Einen verwundend. Es war, als wenn übermächtige Wesen mit großen Messern herunterlangten und Einem das Gesicht zerschnitten. Ich wurde trostlos. Du guter, fetter Hund von vor einigen Monaten, rief ich innerlich, Du hast Recht gehabt, Suppenknochen sind besser als Philosophie! Wo bist Du jetzt, teurer Freund, ich hätte Dir fabelhafte Neuigkeiten zu erzählen. — Aber mein Magen fing zu knurren an. Ich lief in die Stadt hinein, um doch Etwas aufzustöbern. Endlich entdeckte ich an einem niedern Haus unten an Haken aufgehängt, wie vor einer Vorratskammer, prächtige frischrote Fleischbrocken von beträchtlicher Größe und dahinter in der Thüre einen Menschen in weißer Schürze. Schnell entschlossen sprang ich hinauf, riß eines der Stücke los und lief davon. Hinter mir Toben und Geschrei. Aber die weiße Sünde hinderte sie am Laufen. Ich sprang lustig drüber weg, während meine Verfolger elend erstickten. — Gleich lief ich hinaus zu meinem armen Kameraden in der Hoffnung, ich könnte ihn noch retten; in der Hoffnung, das Denk-Tier, das ihn verlassen, vielleicht gefräßig und blutgierig, komme, durch den Geruch meines Fleischstückes angelockt, zurück, söhne sich mit meinem Kameraden aus und mache ihn wieder lebendig. Als ich hinauskam, waren die Raben fort und mein Kamerad aufgefressen bis auf die Knochen. Ich warf ihm das Fleisch hin. Vergebens. Ich legte es an den Mund, damit das Denkwesen zurückkehre. Umsonst. In diesem Augenblicke kam mir der entsetzliche Gedanke, daß ich auch ein Hund, und daß dieses Denk-Tier, wenn ich nicht brav sei, mir im nächsten Augenblick davonrennen könne. Es war zum Verzweifeln. — Es war schon ganz dunkel geworden. Unaufhörlich rieselte die Sünde hernieder. Kein Mond ließ sich sehen. Die ganze Welt schien weiß und verstorben. Die Luft senkte sich wie mit Mauerhärte herunter. Ich ließ mein Fleisch liegen und ging nach Hause. — Mein Gott! rief ich innerlich, ist das unser Loos? Wir keifen uns das ganze Leben herum und beißen und bellen und fressen und sind lustig auf Kommando, bis dieses geheimnißvolle Tier in unserem Kopfe genug hat und nicht mehr mag und davonläuft. Und dann gehen wir zu Grund. — Ich wollte das Menschen-Geschlecht einteilen und ihre kuriosen Sonderbarkeiten untersuchen und sie verlachen und bin nur ein armer, kleiner Hund, der vielleicht bald krepiert.

Ein andalusischer Hund

»*Ein andalusischer Hund* heult,
wer ist denn gestorben?«
Jean Vigo

Produktion, Regie: Luis Buñuel, Drehbuch: Luis Buñuel und Salvador Dalí. – Dalí schreibt in *La Vie secrète de Salvador Dalí:* »*Ein andalusischer Hund* war der Film des Jünglingsalters und des Todes, den ich wie einen Dolch mitten ins Herz des geistigen, eleganten und kultivierten Paris stieß.«

Woanders hat er berichtet, daß Buñuel ursprünglich Zeitungsrubriken, vermischte Nachrichten, Karikaturen, Anzeigen usw. verfilmen wollte,* um die Denk- und Sehgewohnheiten und den Geschmack der Intellektuellen und Snobs der Hauptstadt an spießbürgerlicher Unterhaltung zu erschüttern.**

---

* Aragon, *Pariser Landleben:* »Und wenn ich sage *Journalist* dann meine ich *Drecksau.* Das ist der richtige Name für das, was Ihr tut, beim *Intram,* bei *Comoedia,* bei der *Œuvre,* bei den *Nouvelles Littéraires* usw., Arschlöcher, Kanaillen, Hühnerdreckskerle, Schweine. Es gibt keine Ausnahme, weder für den hier, noch für diesen anderen: glatzköpfige Wanzen und bärtige Läuse, ihr sollt euch nicht ungestraft in den Zeitschriften und zweideutigen Publikationen einigeln. All das stinkt. Nach Tinte. Zerquetschter Kakerlake. Nach Abfall. Nieder mit Euch allen, ihr lebt vom Leben der andern, von dem was sie lieben und von dem, was sie langweilt oder ärgert.«

** *Was Intellektuelle lesen:* Die Zeitung natürlich, zwei bis drei einigermaßen regelmäßig, viele gelegentlich, nie die »*Bild*-Zeitung«, selbstverständlich den »*Spiegel*« – oder ist das nicht selbstverständlich? –, drei bis vier Zeitschriften, Illustrierte beim Friseur ... (Walter Dirks, »Was die Deutschen lesen«, in: *Sind wir noch das Volk der Dichter und Denker? 14 Antworten,* hrg. v. Gert Kalow, Reinbek 1964, S. 124.)

Filmkritik, akademisch:
Der »Andalusische Hund« besteht aus einer Reihe völlig unzusammenhängender Szenen, die mit dem Titel des Films weniger als nichts zu tun haben. Einen dramaturgischen Schluß hat der Film auch nicht aufzuweisen, sondern plötzlich ist das Zelluloid zu Ende, und auf der Leinwand erscheint das Wort Fin.
Dr. Kurt Wortig, *Das Gag-Buch des Films,* Düsseldorf 1963, S. 88.

* * *

Handwerk, goldener Boden

Was wir brauchen
sind Geschichten Mann beißt Hund.
Auch Hund beißt Mann
muß manchmal sein.
Aber Ihre Geschichte,
lieber Herr Kollege,
ist Nicht-Hund beißt Nicht-Mann nicht,
wies, im Rahmen
einer für das Fernsehen gestellten
Wie-wir-so-unser Heft-machen -Sitzung
der »Spiegel«-Chefredakteur Johannes K.
Engel
so leutselig wie fachmännisch
einen ihm untergebenen
Nicht-Chefredakteur zurecht,
dem etwas am Herzen gelegen hatte.

Uwe Nettelbeck, *Mainz wie es singt und lacht.* Salzhausen-Luhmühlen 1976; Auslieferung: Zweitausendeins.

Amerikanische Hunde

Jerry Lewis als Hunde-Diener.
Die Kleidung des Hundes hinten rechts sieht aus wie die Uniformjacke des Hotelboys. *Parodie* – Nachahmung mit anderem, meist *unpassendem* Inhalt – – – –

Weitere lieferbare Titel der Reihe KuKu:

Marie Madeleine: Die rote Rose Leidenschaft

Gedichte und Prosa. Ausgewählt von Sibylle Kaldewey. Mit einem Essay von Alfred Kind. Im Anhang: Bei der Braut. Von Alfred Jarry. Und: Das Verbrechen in Tavistock-Square. Von Panizza. (KuKu 1) 254 Seiten, davon 20 Bildseiten. Br. DM 12,80. (ISBN 3-88221-001-X)

Marie Madeleine von Puttkamer:
Schriftstellerin und Morphinistin

Konstanze von Franken: Der gute Ton

Wie benehme ich mich vornehm? Mit 20 Karikaturen von Amédée Varin sowie Agenda für Toilette, Küche und Tafel nebst einem Anhang über etliche Tanztouren. Neu herausgegeben und mit Nachwort von W. Brede. (KuKu 2) 320 Seiten. Br. DM 12,80. (ISBN 3-88221-002-8)

Ein Benimmbuch mit lachmuskelrelaxierender Wirkung

Dr. P. J. Möbius: Über den physiologischen Schwachsinn des Weibes

Faksimiledruck der 8. veränderten Auflage. Statt eines Kommentars: Die Freundinnen. Eine Szene von Lemercier de Neuville sowie drei Gedichte von Helmut Maria Soik. (KuKu 3) 252 Seiten, davon 20 Bildseiten. Br. DM 12,80. (ISBN 3-88221-103-6)

Der SPIEGEL über den Doktor: Pascha des Jahrhunderts

Manfred Freiherr von Richthofen: Der rote Kampfflieger

Mit einem Essay von W. W. Korff und 40 Fotos. (KuKu 4) 344 Seiten. Br. DM 12,80. (ISBN 3-88221-004-4)

Der »Rote Baron«: Killer oder Held?

Heimlichkeiten der Männer

Von Doktor Albrecht u.a. Herausgegeben von Rochus Herz. Mit zahlreichen Abbildungen und einem Nachwort von Klaus Theweleit. (KuKu 6) 216 Seiten. Broschur DM 12,80. (ISBN 3-88221-006-0)

Ein Hilfsbuch fürs männliche und *weibliche Geschlecht*